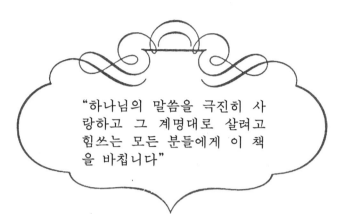

"하나님의 말씀을 극진히 사
랑하고 그 계명대로 살려고
힘쓰는 모든 분들에게 이 책
을 바칩니다"

웨스트민스터 신앙고백에 대하여

웨스트민스터 신앙고백서는 대·소요리 문답과 함께 전 세계 모든 장로교회의 신앙 표준문서이다. 이 신앙고백서는 1643년 7월 1일 열려 1649년 2월 22일에 폐막된 웨스트민스터 총회에서 5년 7개월여에 걸쳐서 작성되었다. 이 회의에 참가한 사람들은 경건하고 박식한 121명의 신학자(목사)들과 국회 상·하의원 30명으로 모두 151명이다. 이들은 학식과 인격과 신앙을 겸비한 인물들이었다.

장로교인들이 무엇을 믿고 있느냐고 만일 누가 묻는다면 그 대답은 언제나, 성경과 그것을 가장 잘 훌륭하게 요약해 놓은 웨스트민스터 신앙고백서라고 답변할 수가 있다. 그 이유는 이 웨스트민스터 신앙고백서는 칼빈주의 교리의 가장 완숙한 표현이며 개혁주의 신학의 집대성이기 때문이다.

추 천 사

장로교회의 신앙 표준 문서로 채택하고 있는 웨스트민스터 신앙고백서에 대한 새로운 해설판이 나오게 됨을 먼저 기쁘게 생각하는 바이다.

장로교인이면 누구나 읽어야 하고 또한 공부해야만 할 이 신앙고백서에 대한 해설판은 특히 평신도들을 위한 도서로 추천할 만하다. 총신대학원을 나온 정기화 강도사님께서 성경공부 교재로 참고 성경구절들을 나열하면서 비교적 자세하고 명료한 구상을 착안한 점이 읽는 이로 하여금 지루하지 않게 했다.

이 해설책은 1년 52주간을 공부할 수 있도록 꾸며져 있다. 본문 말씀에 근거하여 참고 성경구절, 간략한 요지 말씀은 물론 도움말, 질문 그리고 적용면에까지 폭넓게 다루고 있어 매우 유용한 교재라 하겠다.

주로 이 책은 주일 저녁 예배나 수요 예배의 과정학습 교재로 적절하며 학생회나 청년회 기타 그룹별 성경공부 지도에도 도움이 될 것으로 안다. 특히 초신자들을 교육하는 구역공과 교재로는 가장 유용하리라 생각한다.

정확하고 알기 쉽게 본문의 핵심을 요약한 점이라든지 초보자들의 이해력을 돕기 위해 쉽게 용어 해설을 한 점, 말씀의 생활화를 위한 질문과 적용면은 실제적 생활의 변화를 시도할 수 있어 평신도 여러분의 교리적 체계를 이룩하는 데 더할 나위없는 참고서적이 될 것으로 알아 이 책을 추천하는 바이다.

이 책이 신앙과 교리의 조화를 이룩하는데 큰 역할을 담당하게 되길 바라는 마음 간절하다.

1988. 4. 15

총신대학장 朴 永 熙

머 리 말

　요즈음 각 교회 중·고등부, 청년회, 대학부 그리고 장년부와 일반 평신도 사이에 그룹 성경공부의 열기와 관심이 높아져가고 있으며 시중에 수많은 성경공부 교재들이 나와 있읍니다. 하지만 은혜롭고도 유익한 교재가 심히 적은 것은 매우 안타까운 일이 아닐 수 없읍니다. 진지한 성경공부야말로 교회 부흥의 원동력이요 그 초석임은 두말할 나위가 없읍니다(행 6 : 7, 12 : 24, 19 : 20). 이에 부족하나마 기독교인이라면 누구나 읽고 공부하고 암기하여 생활에 적용해야만 할 '52주 완성 문답식 웨스트민스터 신앙고백'을 집필케 되었읍니다. 이 웨스트민스터 신앙고백은 전 세계 모든 장로교회의 신앙표준 문서입니다. 성경과 더불어 우리 그리스도인들의 신앙과 행위에 대한 표준이고 규범입니다.

　부족하지만 이 교재가 각 교회 공식 예배나 모든 성경공부 모임마다 십분 활용되어져서 먼저 하나님께 영광이 되며 교회 부흥에 큰 공헌을 끼치며 나아가 모든 성도들에게 은혜와 진리가 충만케 되기를 기원합니다.

1988 년　3 월　16 일

정 기 화

성경공부 지도요령

1. 인원 : 그룹별 성경공부일 경우에는 인도자를 포함해서 5명 이
   내가 가장 좋다.
2. 대상 : 중·고등·청년·대학·장년부 등
3. 시간 배정 : 총 공부 시간은 30-40분 내외
4. 좌석배치 : 주의 집중을 위해서 가능하면 빙둘러 앉는다.
5. 진행방법 :
   1) 공부하기 전에 먼저 간단히 기도한다.
   2) 다같이 본문 요절을 찾아서 읽어보도록 한다.
   3) 이어서 웨스트민스터 신앙고백 본문 내용을 뜻을 잘 생각하
      면서 신중히 읽어내려간다(이때 교독 내지는 순독도 가능하
      다).
   4) 효과적인 의미 파악이나 이해력 도모를 위해서 요지와 도움
      말 등을 반드시 참조한다.
   5) 한 사람이 한 문제씩 돌아가면서 풀어나가도록 한다.
   6) 이때 각 문제에 해당되는 성경 귀절은 반드시 찾아서 읽어보
      도록 한다.
   7) 정답을 신중히 생각해보고 난후에 적어나간다.
   8) 모르는 내용이나 이해가 안되는 부분은 그룹 지도자나 조장
      또는 담임 교역자에게 문의하도록 한다.
   9) 각 과에서 배운 바를 실생활에 어떻게 적용할 것인지에 역점
      을 두어서 다루어 나간다.
   10) 마무리 기도로 모든 공부를 끝내도록 한다.

차   례

제 *1* 과 성경의 필요성

요절 로마서 15 : 4

본문/제1장 성경 1

> 1. 본성(本性, nature)의 빛과 창조와 섭리의 사역들에 하나님의 선하심과 지혜와 능력이 명백히 나타나 있으므로 아무도 핑계할 수가 없다.[1] 그렇지만 그것들은 구원에 이르는데 필요한 하나님의 지식과 그의 뜻을 제공해 주는 데 있어서 충분하지 못하다.[2] 그러므로 주님은 여러시대에 여러 가지 방법으로 자신을 계시하시고 그의 교회에 자신의 뜻을 선포하시기를 기뻐하셨다.[3] 그리고 그후에는 그 진리를 더 잘 보존하고 전파하기 위해서 그리고 육신의 타락과 사단과 세상의 악에 대비하여 보다 확고한 교회의 설립과 평안을 도모하기 위해서 그 진리를 온전히 기록하게 하셨다.[4] 이로 말미암아 성경이 절대적으로 필요하게 된 것이다.[5] 그런데 하나님께서 자기 백성에게 자신의 뜻을 계시하여 주시던 과거의 방법들은 이제 중지되었다.[6]

참조성구

1)롬 2 : 14-15, 1 : 19-20, 32, 시 19 : 1-3, 롬 1 : 21, 12 : 1 2)고전 1 : 21, 2 : 13-14 3)히 1 : 1 4)잠 22 : 19-21, 눅 1 : 3-4, 롬 15 : 4, 마 4 : 4, 7, 10, 사 8 : 19-20 5)딤후 3 : 15, 벧후 1 : 19 6)히 1 : 1-2.

요지

(1) 하나님께서는 일반계시(자연)와 특별계시(성경)로 자신을 사람에게 계시하신다.

(2) 구원에 이르는 신지식(神知識)은 자연계시를 통해서는 결코 얻어
질 수 없다.

(3) 그러므로 구원에 이르는 지식이 담긴 진리의 말씀인 성경이 필요
케 된 것이다.

도움말

일반계시는 창조에 그리고 하나님과 인간과의 일반적인 관계
에 뿌리박고 있는 계시로 하나님의 창조물이요 그의 형상인 인
간에게 말씀하시는 계시이다. 인간창조의 목적 실현이 그 목표
이다. 반면에 특별계시는 예수 그리스도 안에서 계시된 하나님
의 구속애에 관한 특수한 지식을 통하여 죄인으로 하여금 하나
님께 돌아오게 함이 그 목적이다.

성경공부

1. 하나님의 영원하신 능력과 신성은 어디에 분명히 나타났읍니
   까? (롬 1 : 20)

   _____

   하나님을 알만한 것(신지식)을 사람은 소유하고 있을까요?
   (롬 1 : 18-19)

2. 하나님께서 전도의 미련한 것으로 믿는 자들을 구원하시려는
   그 근본적인 이유는 무엇일까요? (고전 1 : 21)

   _____

3. 하나님께서 은혜로 주신 것(구속, 영생, 은사 등)들을 알 수
   있는 유일한 비결은? (고전 2 : 12-13)

   _____

4. 옛적에 선지자를 통하여 말씀하시던 하나님은 마지막 날에 누구를 통하여 말씀하십니까? (히 1 : 1 − 2)

5. 구원에 이르는 지혜가 어디에 담겨져 있을까요? (딤후 3 : 15)

6. 그러므로 마땅히 우리는 무엇을 좇아야 할까요? 즉, 신앙과 행위의 유일한 법칙은 무엇입니까? (사 8 : 19 − 20)

7. 신·구약성경 기록의 목적은 무엇입니까? (롬 15 : 4)

적용

(1) 하나님께서 창조하신 우주 만물(하늘, 별, 달, 짐승, 사람 등)들을 바라다 볼 때 당신은 무엇을 깨닫고 계신가요? (시 19 : 1−3)

(2) 당신은 구원과 영생에 이르는 지식(구속애, 신지식)이 어디에 있다고 생각하십니까? (요 5 : 39 ; 딤후 3 : 15)

제 2 과   성경의 영감과 권위

요절 디모데후서 3 : 16
본문／제 1 장 성경 2－5

> **2.** 성경 또는 기록된 하나님의 말씀의 이름 아래 지금 신・구약의 모든 책들이 포함되어 있으며 이것들은 다음과 같다.
>
> **구약 39권** : 창세기, 출애굽기, 레위기, 민수기, 신명기, 여호수아, 사사기, 룻기, 사무엘상, 사무엘하, 열왕기상, 열왕기하, 역대상, 역대하, 에스라, 느헤미야, 에스더, 욥기, 시편, 잠언, 전도서, 아가, 이사야, 예레미야, 예레미야애가, 에스겔, 다니엘, 호세아, 요엘, 아모스, 오바댜, 요나, 미가, 나훔, 하박국, 스바냐, 학개, 스가랴, 말라기.
>
> **신약 27권** : 마태복음, 마가복음, 누가복음, 요한복음, 사도행전, 로마서, 고린도전서, 고린도후서, 갈라디아서, 에베소서, 빌립보서, 골로새서, 데살로니가전서, 데살로니가후서, 디모데전서, 디모데후서, 디도서, 빌레몬서, 히브리서, 야고보서, 베드로전서, 베드로후서, 요한일서, 요한이서, 요한삼서, 유다서, 요한계시록.
>
> 이 모든 책들은 하나님의 영감에 의해서 주어진 것으로 신앙과 생활의 규범이 된다.[1]

참조성구
1) 눅 14 : 29, 31, 엡 2 : 20, 계 22 : 18－19, 딤후 3 : 16

3. 일반적으로 외경이라고 불리우는 책들은 신적 영감으로 된것이 아니기 때문에 성경의 정경(正經)의 일부가 아니다. 그러므로 하나님의 교회에서 아무런 권위도 없으며 또한 다른 인간적인 저작물 이상으로 승인되거나 사용될 수도 없다.[2]

참조성구

2)눅 24 : 27, 44, 롬 3 : 2, 벧후 1 : 21

4. 우리가 반드시 믿고 순종해야만 하는 성경의 권위는 어떤 사람이나 교회의 증거에 의존하는 것이 아니다. 다만 진리 자체이시고 성경의 저자이신 하나님께 전적으로 의존한다. 따라서 성경은 하나님의 말씀이므로 우리가 그것을 받아들여야 한다.[3]

참조성구

3)벧후 1 : 16-21, 딤후 2 : 16, 요일 5 : 6, 살전 2 : 13

5. 우리는 교회의 증거에 의해서 감동되고 감화를 받아 성경을 고상하고 존귀하게 여기게 된다. 그리고 내용의 신성함, 교리의 효력, 문체의 장엄함, 모든 부분의 일치성, 내용 전체의 의도(목적＝하나님께 모든 영광을 돌려드리는 것), 인간 구원의 유일한 방법을 밝혀주는 충만한 발견, 그외 다른 많은 비교할 수 없는 우수성 그리고 성경의 전체적인 완전성 등은 성경이 하나님의 말씀임을 충분하게 증거해 주는 논증들이다. 그럼에도 불구하고 우리가 성경의 신적 권위와 무오한 진리임을 충분히 납득하고 확신하는 것은 우

리의 심령 속에 말씀을 가지고 말씀에 의해서 증거해 주시
는 성령의 내적 사역에 의해서이다.[4]

참조성구

4)딤전 3 : 15 5)요일 2 : 20-27, 요 16 : 13-14, 고전 2 : 10-12, 사
59 : 21

요지

(1) 신·구약 성경 66권만이 하나님의 영감으로 된 정경이다.

(2) 성경은 하나님의 말씀이므로 참된 권위를 갖고 있다.

(3) 우리는 성령의 증거하심으로 인해 성경의 권위를 납득하고 확신
케 된다.

도움말

하나님께서는 인간 기자의 성품과 기질, 은사와 재능, 교육과
교양, 용어와 문체 등을 있는 그대로 사용하시되 성경의 각 부
분 심지어는 문자들, 일점 일획에까지 완전히 영감하시어서 절
대로 오류가 없도록 보호하시고 성경을 기록하게 하셨다(유기적
완전 축자 영감).

성경공부

1. 모든 성경은 어떻게 우리에게 주어졌읍니까? (딤후 3 : 16 ;
   벧후 1 : 20-21)

2. 여호와의 책(성경)에 하나도 빠진 것이 없고 하나도 짝이 없
   는 것이 없는 이유는? (사 34 : 16)

3. 구약성경을 크게 3구분 해보십시오(눅 24 : 44).

4. 정경인 신·구약성경 66권 이외에 그 어떤 말씀이나 책을 더 하거나 또는 이 책들 중에서 무엇을 빼거나 감하는 것이 합당할까요? (계 22 : 18-19)

_____

5. 기록된 말씀 밖에 넘어가게 되면 어떻게 될까요? (고전 4 : 6)

_____

6. 성경을 진리의 말씀, 정확무오한 하나님의 말씀으로 신뢰하고 순복키 위해서는 반드시 누구의 도우심과 역사하심을 절대적으로 힘입어야 합니까? (요 16 : 13-14)

_____

7. 성경을 아무라도 결코 능히 폐할 수 있을까요? (요 10 : 35)

_____

적용

⑴ 외경이나 위경은 왜 성경(정경)의 일부가 될 수 없읍니까? (딤후 3 : 16)

_____

⑵ 당신은 신·구약성경을 살아계신 하나님의 정확무오한 진리의 말씀으로 신뢰하고 순복하고 계십니까?

_____

제*3*과　성경의 충족성과 명료성

요절　시편 19 : 7-11, 요한복음 5 : 39, 20 : 31
본문／제 1 장　성경 6-7

> **6.** 하나님 자신의 영광과 인간의 구원, 신앙과 생활에 필
> 요한 모든 것에 관한 하나님의 전 계획은 성경에 분명하게
> 규정되어 있든지 아니면 선하고 필연적인 귀결에 의해서 성
> 경으로부터 이끌어 낼 수 있다. 성령의 새로운 계시에 의해
> 서나 사람들의 전통에 의해서나 어느 때나 이 성경에 아무
> 것도 더할 수 없다[1]. 그렇지만 우리는 말씀 안에 계시되어
> 있는 것들을 구원에 이르도록 이해하려면 하나님의 성령의
> 내적 조명이 필요하다고 인정한다[2]. 또한 하나님께 드리는
> 예배와 교회 정치에 관하여는 보통 인간적인 활동이나 사회
> 단체와 마찬가지로 어떠한 격식들이 있다. 이것들은 항상
> 지켜져야만 할 말씀의 일반적인 법칙들에 따라서 본성의 빛
> 과 그리스도인의 사려 분별에 의해서 규정되어져야 한다[3].

참조성구
1)딤후 3 : 15-17, 갈 1 : 8-9, 살후 2 : 2 2)요 6 : 45, 고전 2 : 6-12 3)
고전 11 : 13-14, 14 : 26, 40

> **7.** 성경에 있는 모든 것들은 그 자체가 한결같이 명백하
> 거나 모든 사람에게 똑같이 분명하지는 않다[4]. 그렇지만 구
> 원을 위해서 알아야 하고 믿어야 하고 지켜야 할 필요가 있
> 는 것들은 성경 여기 저기에 너무나도 분명하게 제시되어
> 있고 밝혀져 있다. 그러므로 유식한 사람뿐만 아니라 무식

한 사람일지라도 통상적인 방법을 적당하게 사용하기만 하면 그것들을 충분히 이해할 수가 있다[5].

참조성구
4)벧후 3 : 16 5)시 119 : 105, 130

요지
(1) 그리스도인의 신앙과 생활에 반드시 필요한 사항들은 신·구약성경에 충분히 명시되어 있다.
(2) 구원에 관한 기본진리(구원론)들은 성경에 아주 분명하게 나타나 있으므로 누구든지 성령의 조명하에 충분히 깨달아 알 수가 있다.

도움말
기록된 말씀인 신·구약성경은 개인과 교회의 영적, 도덕적 요구를 위해서 충족하다. 또한 구원에 필요한 지식은 진실한 구도자라면 누구에게나 이해하기 쉽게 성경에 명시되어 있는 것이다.

성경공부
1. 우리가 영생을 얻기 위해서 필히 상고해야 할 것은 무엇인가요? (요 5 : 39)

2. 신·구약성경의 주인공(주제)은 누구이십니까? (요 5 : 39 ; 눅 24 : 27)

3. 그러면 신·구약성경 기록의 근본적인 목적은 무엇입니까? (요 20 : 31)

4. 천상 천하에 십자가에 못박히시고 다시 사신 그리스도 외에 다른 복음이 정녕 있을까요? (갈 1 : 6 − 8)

5. 진리의 말씀인 성경에 대한 우리 신자의 바른 태도는 어떠해야 합니까? (딤후· 2 : 15)

   그 외에 또 다른 자세는? (시 119 : 97)

6. 성경에는 꼭 우리가 이해하기 쉬운 것만 있읍니까? (벧후 3 : 16 ; 히 5 : 11)

7. 성경은 어떻게 함으로써 (네 가지 방법) 하나님의 사람인 그리스도인을 온전케 하는가요? (딤후 3 : 16 − 17)

8. 성경 이해에 성령의 내적 조명이 반드시 필요한 이유는 무엇입니까? (고전 2 : 10 − 13 ; 요일 2 : 20, 27)

적용

(1) 하나님의 특별 계시인 신·구약성경 66권 이외에 또 다른 계시가 필요할까요?

(2) 성경에는 간혹 불분명한 것들이 있지만 특히 어떠한 면에 있어서 만큼은 아주 분명하게 제시되어 있읍니까?

제 4 과 성경의 번역, 연구, 해석

요절 베드로후서 1 : 20 — 21

본문／제1장 성경 8 — 10

8. 히브리어(구약시대 하나님의 백성의 모국어)로 되어 있는 구약성경과 헬라어(신약이 기록될 당시 만국에 가장 널리 알려진 국제어)로 되어 있는 신약성경은 하나님에 의해서 직접적으로 영감되었고 또한 하나님의 특별한 보호와 섭리에 의해 예나 지금이나 순수하게 보존되었기 때문에 믿을 만 하다¹⁾. 그러므로 종교의 모든 논쟁에 있어서 교회는 최종적으로 성경에 호소한다²⁾. 그러나 이 원어들이 하나님의 모든 백성들에게 다 알려져 있지 않고 또한 하나님의 모든 백성들은 성경에 권리와 관심을 가지고 있으므로 하나님을 경외하는 마음으로 말씀을 읽고 연구하도록 명령되어져 있다³⁾. 그러므로 성경은 성경이 전수된(전해진) 모든 나라의 자국어로 번역되어져야 한다⁴⁾. 하나님의 말씀이 모든 사람 안에 풍성하게 거하여 그들이 합당한 방법으로 하나님을 예배할 수 있게 하며⁵⁾, 성경의 인내와 위로를 통하여 소망을 가지도록 해야 한다⁶⁾.

참조성구
1)마 15 : 18 2)사 8 : 20, 행 15 : 15, 요 5 : 39, 46 3)요 5 : 39 4)고전 14 : 6, 9, 11, 24, 27 — 28 5)골 3 : 16 6)롬 15 : 4

9. 성경 해석을 위한 무오한 법칙은 성경 그 자체이다. 그러므로 어떤 성경 귀절(다양한 의미가 아닌 오직 하나의

의미를 가짐)의 참되고 완전한 의미에 대하여 의문이 생길 때는 보다 분명하게 말씀하고 계신 다른 귀절들을 통해서 연구하고 깨달아야 한다[7].

참조성구
7)벤후 1 : 20-21, 행 15 : 15-16

10. 최고의 재판관은 오직 성경 안에서 말씀하시는 성령 외에 다른 아무도 될 수 없다. 이 재판관에 의해서 종교의 모든 논쟁들이 결정되어져야 하며 교회 회의의 모든 신조들과 고대 저자들의 견해들, 사람의 교리, 그리고 개인적인 영들을 시험(검토)해 보아야 하며 우리는 그의 판결에 순복해야 한다[8].

참조성구
8)마 22 : 29, 31, 엡 2 : 20, 행 28 : 25

요지
(1) 성경의 최종적인 권위는 신적으로 영감된 원본에만 있다.
(2) 이 원본은 모든 사람들에게 자국어로 번역되어져서 각 신자가 읽고 연구 하도록 해야 한다.
(3) 성경은 오직 성경으로써만 해석해야 하며 최종 재판관은 오직 성령뿐이시다.

성경공부
1. 모든 신앙과 행위의 절대적이고도 유일한 표준은 무엇입니까 ? (사 8 : 20)

2. 만일 누군가가 성경(율법과 선지자)의 교훈을 듣지 않는다면 비록 죽은 자가 살아나서 복음을 전한다해도 그는 어떠한 태도를 견지할 것인가요? (눅 16 : 30 − 31)

3. 우리가 모든 지혜로 피차 가르치고 권면키 위해서는 어떻게 해야 합니까? (골 3 : 16)

4. 하나님의 말씀 충만은 무엇이 전제되어진 결과이며 은총이요 축복인가요? (요 3 : 34)

5. 성경의 교훈을 액면 그대로 받아들이게 되면 우리에게 어떤 유익이 주어지게 될까요? (롬 15 : 4)

6. 하나님의 말씀에 대한 신자의 바른 태도는 어떠해야 합니까? (행 17 : 11)

7. 그릇된 성경 해석방법 두 가지는 무엇입니까? (벧후 1 : 20 − 21, 3 : 16)

   1) _____

   2) _____

적용

⑴ 성경 번역의 필요성은 무엇입니까?

_____

_____

(2) 성경 해석의 두가지 기본적인 원칙은 무엇입니까?

1) _____

2) _____

제 5과 하나님의 속성과 절대주권

요절 신명기 6 : 4-5, 요한복음 4 : 24

본문/제 2 장 하나님과 성 삼위일체 1-2

---

1. 오직 한 분만[1]의 살아계시고 참되신 하나님이 계실 뿐이다[2]. 그분의 존재는 무한하시고 완전하시다[3]. 그분은 가장 순결하신 영이시요[4] 보이지 아니하시고[5] 몸과 지체가 없으시며[6] 성정도 없으시고[7] 변하지 아니하시고[8] 광대하시고[9] 영원하시고[10] 측량할 수 없으며[11] 전능하시고[12] 가장 지혜로우시고[13] 지극히 거룩하시고[14] 가장 자유로우시고[15] 가장 절대적이시고[16] 모든 일을 자신의 변함없으시고 가장 의로우신 뜻과 계획을 따라 행하시되[17] 자신의 영광을 위하여 하신다[18]. 그분은 가장 사랑이 많으시고[19] 은혜로우시고 자비하시고 오래 참으시고 인자와 진실이 많으시고 악과 과실과 죄를 용서하시고[20] 자기를 부지런히 찾는 자들에게 상 주시는 자이시요[21] 동시에 그의 심판은 가장 공의롭고 무서우며[22] 모든 죄를 미워하시고[23] 결단코 면죄하지 않으신다[24].

참조성구

1)신 6 : 4, 고전 8 : 4-6 2)살전 1 : 9, 렘 10 : 10 3)욥 11 : 7-9, 26 : 14 4)요 4 : 24 5)딤전 1 : 16 6)신 4 : 15-16, 요 4 : 24, 눅 24 : 39 7)행 14 : 11, 15 8)약 1 : 17, 말 3 : 16 9)왕상 8 : 27, 렘 23 : 23-24 10)시 90 : 2, 딤전 1 : 16 11)시 145 : 3 12)창 17 : 1, 계 4 : 8 13)롬 16 : 27 14)사 6 : 3, 계 4 : 8 15)시 115 : 3 16)출 3 : 14 17)엡 1 : 11 18)잠 16 : 4, 롬 11 : 36 19)요일 4 : 8, 16 20)출 34 : 6-7 21)히 11 : 6 22)느 9 : 32-33 23)시 5 : 5-6 24)느 1 : 2-3, 출 34 : 7

2. 하나님은 자신 안에 모든 생명²⁵⁾과 영광과²⁶⁾ 선과²⁷⁾ 복을²⁸⁾ 가지고 계신다. 그분은 자기 안에서와 자기에 대해서 홀로 완전히 자족하신다. 그래서 그는 자기가 만든 피조물을 필요로 하지 않으시며²⁹⁾ 그들에게서 어떠한 영광도 얻으시지 않으시고³⁰⁾ 다만 자신의 영광을 피조물들 안에서 그것들에 의해서, 그것들에게, 그것들 위에 나타내신다. 그는 홀로 모든 존재의 유일한 근원이시요 모든 만물은 그에게서 나오고 그로 말미암고 그에게로 돌아간다³¹⁾. 그는 모든 만물들에 가장 절대적 주권을 가지고 모든 만물을 통치하시며 그것들에 의해서 그것들을 위하여 또는 그것들 위에 자기가 기뻐하시는 것은 무엇이든지 행하신다³²⁾. 그의 앞에서는 모든 만물이 드러나며 나타난다³³⁾. 그의 지식은 무한하며 무오하고 피조물과 초월하여 계신다³⁴⁾. 그러므로 그에게는 아무것도 우연한 일이나 불확실한 것이 없다³⁵⁾. 그는 그의 모든 계획과 그의 모든 사역과 그의 모든 명령에 있어서 가장 거룩하시다³⁶⁾. 천사들과.사람들, 다른 모든 피조물이 그에게 무슨 경배나 봉사나 순종이든 드리는 것이 마땅하며 그는 그런 것들을 즐거이 요구하신다³⁷⁾.

참조성구
25)요 5 : 26 26)행 7 : 2 27)시 119 : 68 28)딤전 6 : 15, 롬 9 : 5 29)행 17 : 24−25 30)욥 22 : 2−3 31)롬 11 : 36 32)계 4 : 11, 딤전 6 : 15, 단 4 : 25, 35 33)히 4 : 13 34)롬 11 : 33−34, 시 147 : 5 35)행 15 : 18, 겔 11 : 5 36)시 145 : 17, 롬 7 : 12 37)계 5 : 12, 14

요지
(1) 오직 한 분만의 살아계시고 참되신 하나님이 계신다.
(2) 그분은 영이시며 완전한 공유적 속성과 비공유적 속성을 가지고 계신다.

(3) 하나님은 또한 절대 주권자이시다.

도움말

비공유적 속성(절대적 속성)은 피조물 중에서 그 유사점을 전혀 찾아볼 수 없는 하나님 자신만의 성품(자존, 초월, 영원성 등)을 뜻하며 공유적 속성(보편적 속성)은 인간의 속성들과 어떤 유사점을 띠고 있는 성품(선, 능력, 긍휼 등)을 의미한다.

성경공부

1. 세상에는 많은 신과 우상들이 있지만 우리 신자들에게는 누구만이 계신가요? (고전 8 : 4-6)

2. 렘 10 : 10 상반절에 의하면 하나님은 어떠하신 분으로 묘사되었읍니까?

3. 하나님의 이름(언약신명)과 그 의미는 무엇입니까? (출 3 : 13-15)

4. 하나님께서 우리 인간의 눈에 보이지 아니하시는 이유는 무엇입니까? (요 4 : 24 ; 딤전 6 : 16 ; 눅 24 : 39)

5. 다음에 제시된 성구를 참조하여 하나님의 성품(속성)을 기재하여 보십시오.

   1) (시 102 : 12, 90 : 2)

   2) (말 3 : 6 ; 약 1 : 17)

3) (대상 28 : 9)

_____

4) (욥 42 : 2 ; 렘 32 : 17)

_____

5) (시 139 : 7-10 ; 렘 23 : 23-24)

_____

6) (요일 4 : 7-8)

_____

7) (느 9 : 33 ; 창 18 : 25)

_____

8) (벧전 1 : 15-16)

_____

6. 하나님의 절대주권을 한마디로 간단히 표현하자면 ? (엡 1 :11)

_____

7. 하나님에 대한 인생(사람)의 본분은 무엇인가요 ? (전 12 :
   13 ; 롬 11 : 36)

   1) _____

   2) _____

적용

(1) 하나님의 속성(성품)을 크게 두 가지로 구분하자면 ?
   비공유적 속성(절대적 속성)

   공유적 속성(보편적 속성)

(2) 하나님의 지식은 무한하며 무오하며 피조물과 초월하여 계시므로
   그분에게는 무엇이 없읍니까 ? (두 가지)

   _____

제 *6* 과   성 삼위일체

요절 마태복음 28 : 18 — 19, 고린도후서 13 : 13

본문／제 2 장 하나님과 성 삼위일체 3

> **3.** 단일한 신격(신성, Godhead) 안에 본체와 능력과 영원성이 동일하신 세 인격(삼위)이 계시는데 성부 하나님, 성자 하나님, 성령 하나님이시다[1]. 성부는 아무에게서도 말미암지 않고 나시지도 않으셨고 나오시지도 않으신다. 성자는 영원히 성부에게서 나셨다[2]. 성령은 영원히 성부와 성자로부터 나오신다[3].

참조성구

1)요일 5 : 7, 마 3 : 16—17, 28 : 19, 고후 13 : 13 2)요 1 : 14, 18 3)요 15 : 26, 갈 4 : 6

요지

(1) 한 분 하나님께서 세 가지 구별된 인격(삼위)으로 존재하신다.
(2) 이 삼위(세 인격) 하나님은 각기 완전하신 그리고 동등(동일)하신 하나님이시다.
(3) 각 위 즉, 세 인격은 각각 위적(位的) 구별은 되나 결코 분리되지는 않는다.

도움말

삼위일체란 본래 하나에 셋, 혹 셋인 하나, 또는 하나인 셋을 의미하는 용어이다. 즉, 하나님은 본질적으로 한 분으로 존재하시지만 이 한 분 안에 성부, 성자, 성령이라고 불리우는 삼위 즉, 세 인격을 가지고 계신다는 뜻이다.

성경공부

1. 구약성경 창세기 1 : 26, 3 : 22 등에 하나님께서 하신 말씀 중에서 특히 삼위일체에 대한 암시(힌트)를 주고 있는 용어 는 무엇일까요 ?

2. 예수 그리스도의 지상 명령인 마 28 : 19에서 아버지와 아들 과 성령은 각각 누구를 뜻하고 있읍니까 ? (사 48 : 16)

3. 성자 예수 그리스도에 대해서 성경은 삼위일체와 관련하여 어떤 칭호를 쓰고 있읍니까 ? (사 9 : 6 ; 롬 9 : 5 ; 요일 5 : 20)

   예수님에게는 또한 어떤 용어가 사용되고 있읍니까 ? (요 1 : 14, 3 : 16)

4. 동시에 보혜사 성령님께도 어떤 칭호가 주어지고 있읍니까 ? (행 5 : 3-4)

5. 성령은 또한 그밖에 어떻게도 호칭되고 있읍니까 ? (롬 8 : 9)

6. "성령은 영원히 성부와 성자로부터 나오신다"는 웨스트민스 터 신앙고백은 성경의 어떤 말씀에 특히 근거하고 있을까요 ? 해당 부분만 적어보십시오 (요 15 : 26 ; 행 2 : 33 참조).

7. 우리는 매주일마다 삼위일체 하나님을 알게 모르게 무의식적
   으로 듣고 있고 실감하고 있는데 그 사례는 무엇일까요 ?
   (고후 13 : 13)

적용

(1) 삼위일체 하나님에 대한 근본적인 의미를 간단히 약술해 보십시
   오.

(2) 현대 이단 중 삼위일체 교리를 부정하는 교단이나 교파의 이름을
   한 가지만 들어보십시오.

제 7 과 하나님의 작정의 특색

요절 에베소서 1 : 4 − 5

본문/제 3 장 하나님의 영원한 작정 1 − 2

> **1.** 하나님께서는 장차 있을 모든 일을 영원 전부터 그 자신의 가장 지혜롭고 거룩한 뜻에 의하여 자유롭게 그리고 불변하게 정하셨다[1]. 그렇지만 이로 말미암아 하나님은 죄의 조성자가 아니시며[2] 피조물들의 의지를 침해하신 것도 아니시다. 또한 제2 원인들의 자유나 우연성이 제거된 것이 아니며 도리어 확립되었다[3].

참조성구

1)엡 1 : 11, 롬 11 : 33, 히 6 : 17, 롬 9 : 15, 18 2)약 1 : 13, 17, 요일 1 : 5 3)행 2 : 23, 마 17 : 12, 행 4 : 27 − 28, 요 19 : 11, 잠 16 : 33

> **2.** 하나님께서는 모든 가정된 조건들에 근거하여 장차 되어질 일을 무엇이든지 알고 계신다[4]. 하지만 그가 장래를 미리 내다보셨기 때문에 어떤 것을 작정하신 것이 아니며 그 가정된 조건들에 근거하여 장차 있을 것을 예지하셨기 때문에 어떤 일을 작정하신 것도 아니다[5].

참조성구

4)행 15 : 18, 삼상 23 : 11 − 12, 마 11 : 21, 23 5)롬 9 : 11, 13, 16, 18

요지

⑴ 하나님께서는 영원 전부터 장차 일어날 모든 일들을 미리 작정하셨다.

⑵ 그렇지만 하나님은 죄의 조성자가 아니시며 인간의 자유 의지를 침해하시지도 아니하신다.

⑶ 하나님의 예정은 그의 예지에 근거를 둔 것이 결코 아니다.

도움말

하나님의 작정(Divine decrees)이란 하나님께서 장차 일어날 모든 일들을 미리 정하시는 그의 영원하신 계획 또는 목적을 말한다. 특별히 구원에 관계되는 좁은 범위의 작정을 예정(predestination)이라고 부른다. 즉, 예정이란 하나님의 도덕적 피조물에 대한 그의 목적(선택과 유기, 구원과 멸망)을 뜻한다.

성경공부

1. 그리스도인은 언제부터 하나님의 택하신 바가 되었을까요?
   (엡 1 : 4-5)

_____

2. 하나님께서 그의 약속을 맹세로 보증하시는 그 근본 목적은 무엇입니까? (히 6 : 17)

_____

3. 하나님은 왜 죄의 조성자가 아니실까요? (약 1 : 13)

_____

4. 그렇다면 신자가 죄의 유혹을 받아 범죄케 되는 요인(이유)는 무엇입니까? (약 1 : 14)

_____

5. 하나님의 지혜와 지식을 사람이 능히 측량(측정)할 수 있읍니까? (롬 11 : 33)

_____

6. 사람이 제비를 뽑을지라도 일의 작정은 누구의 고유 권한에
   속할까요? (잠 16 : 33)

_____

7. 하나님의 작정이 제2원인들(사람의 자유의지나 우발성 등)을
   폐하거나 제거하지 않은 실례를 하나만 들어보십시오(행 2
   : 23)

_____

_____

적용

(1) 하나님의 예정의 신비성은 무엇이라고 생각되십니까?

_____

(2) 우리의 신앙은 하나님의 선택과 예정의 결과입니까? 아니면 그
   요인(원인)입니까? (행 13 : 48 참조)

_____

제 8 과   선택과 유기(遺棄)

요절 에베소서 1 : 11 — 12, 로마서 9 : 22 — 23

본문/제 3 장   하나님의 영원한 작정 3 — 5

> **3.** 하나님의 작정에 의하여 그의 영광을 나타내시기 위해서 어떤 사람들과 천사들은[1] 영원한 생명에 이르도록 예정되었고 다른 이들은 영원한 사망에 이르도록 미리 작정되었다[2].

참조성구
1) 딤전 5 : 21, 마 25 : 41 2) 롬 9 : 22—23, 엡 1 : 5—6, 잠 16 : 4

> **4.** 이렇게 예정되고 미리 작정된 천사들과 사람들은 특별하게 그리고 변치않게 계획되어져 있다. 그래서 그들의 수효는 확실하고 확정적이므로 더하거나 감할 수가 없다[3].

참조성구
3) 딤후 2 : 21, 요 8 : 18

> **5.** 생명에 이르도록 예정되어 있는 사람들을 하나님께서는 창세 전에 자기의 영원하시고 불변하신 목적과 비밀한 계획과 선하시고 기뻐하시는 뜻을 따라 그리스도 안에서 영원한 영광에 이르도록 선택하셨으니[4] 이는 오직 거저 주시는 하나님의 값없는 은혜와 사랑으로 인한 것이니 믿음이나 선한 행위, 또는 그들의 인내나 피조물 속에 있는 어떤 다른 것을 미리 보신 것이 없이 하신 것이며 게다가 그를 감동케 하는 조건들이나 원인들을 미리 보신 것도 아니다[5].

모두가 그의 영광스러운 은혜를 찬미케 하려고 선택하신 것
이다[6].

참조성구

4)엡 1 : 4, 9, 11, 롬 8 : 30, 딤후 1 : 9, 살전 5 : 9 5)롬 9 : 11, 13, 16, 엡 :
1 : 4, 9 6)엡 1 : 6, 12

요지

(1) 하나님은 온 인류를 택자(구원받은 자)와 유기자(버림받은 자)로
   작정하셨다.
(2) 이 하나님의 예정은 절대로 변하지 않는다.
(3) 하나님의 작정의 궁극적인 목적은 그 자신의 영광을 나타내시기
   위함이다.

도움말

선택이란 인류의 얼마(some)를 예수 그리스도 안에서, 그로
말미암아 구원하시려는 하나님의 영원한 목적이다. 반면에 유기
는 하나님께서 자신의 특별 은혜의 사역으로 말미암아 어떤 사
람들을 간과(看過)하기로 결정하시고 또한 그의 공의를 나타내
시기 위해서 그들의 죄를 벌하기로 결정하시는 하나님의 작정이
다.

성경공부

1. 성경은 하나님을 토기장이로, 사람을 진흙으로 만든 그릇에
   비유했읍니다. 온 인류를 두 종류의 그릇으로 표현하여 보
   십시오(롬 9 : 20−23).
   1) _____
   2) _____

2. 이 그릇은 구체적으로 누구를 뜻하고 있을까요? (롬 9 : 24)

_____

3. 예정된 자(피택자)가 확정적인 이유는 무엇입니까? (요 13 : 18 ; 딤후 2 : 19)

_____

4. 인간의 행위와 하나님의 선택은 조금이라도 연관이 있읍니까? (롬 9 : 11 − 13)

_____

5. 그렇다면 하나님의 선택의 근거는 무엇입니까? (엡 1 : 5)

_____

6. 선택의 직접적인 목적은 무엇일까요? (롬 8 : 29 상)

_____

7. 하나님의 예정의 궁극적인 목적은? (엡 1 : 5 − 6, 11 − 14)

_____

적용

⑴ 엡 2 : 8 − 9을 읽고 다음 질문에 답해보십시오.

　1) 구원의 근본 요인은?

_____

　2) 구원의 수단(방편)은?

_____

　3) 구원의 특색은?

_____

　4) 구원이 인간 행위의 결과가 아닌 이유는?

_____

⑵ 선택자와 유기자를 통해서 하나님은 각각 그의 어떠한 속성 (성품)
　을 나타내십니까? (롬 9 : 22—23)

　1) 선택자 : _____

　2) 유기자 : _____

제 *9* 과 예정론의 목적

요절 베드로후서 1 : 10 — 11, 에베소서 1 : 6
본문／제 3 장 하나님의 영원한 작정 6 — 8

> **6.** 하나님께서 그 택하신 자들을 영광에 이르도록 정하신 것처럼 그는 그의 영원하고 가장 자유로운 목적에 의해서 거기에 맞는 모든 방법들을 미리 작정하셨다[1]. 그러므로 택함받은 사람들은 아담 안에서 타락했으나 그리스도로 말미암아 구속을 받게 된다[2]. 때가 되면 그들은 성령의 역사로 말미암아 그리스도 안에서 유효하게 부르심을 받아 믿음에 이르게 되며 의롭다함을 받으며 양자되고 성화된다[3]. 그리고 그들은 믿음을 통하여 구원에 이르도록 하나님의 능력으로 보호된다[4]. 그외의 어떤 다른 사람도 그리스도로 말미암아 구속되거나 유효하게 부르심을 받거나 의롭다하심을 얻거나 양자되거나 성화되거나 구원받지 못하고 다만 택함받은 사람들뿐이다[5].

참조성구
1)벧전 1 : 2, 엡 1 : 4—5, 2 : 10, 살후 2 : 13 2)살전 5 : 9—10, 딛 2 : 14 3)롬 8 : 30, 엡 1 : 5, 살후 2 : 13 4)벧전 1 : 5 5)요 17 : 9, 롬 8 : 28, 요 6 : 64—65, 8 : 47, 10 : 26, 요일 2 : 19

> **7.** 피택자 이외에 나머지 인류에 대하여 하나님께서는 그의 측량할 수 없는 계획에 따라 피조물들을 다스리시는 그의 주권적인 능력의 영광을 위하여 긍휼을 베풀기도 하시며 거두시기도 하시고 또한 그들을 간과하시기도 하시며 그들

의 죄로 인하여 수치와 진노를 받도록 정하시기를 기뻐하셨
으니 이는 그의 영광스러운 공의를 찬미케 하려 하심이다⁶⁾.

참조성구
6)마 11 : 25−26, 롬 9 : 17−18, 21−22, 딤후 2 : 19−20, 유 4, 벧전 2 : 8

> **8.** 매우 신비한 이 예정의 교리는 특별히 신중하고 조심
> 성 있게 다루어져야 한다⁷⁾. 이는 그의 말씀 안에 계시된 하
> 나님의 뜻에 유의하고 그 뜻에 순종하는 사람들로 하여금
> 그들의 유효적인 부르심의 확실성으로 인해 그들의 영원한
> 선택을 확신케 하기 위함이다⁸⁾. 그렇게 되면 이 교리는 하
> 나님께 찬미와 존경과 감탄을 드릴 수 있게 하며⁹⁾ 복음을
> 진실하게 순종하는 모든 자들에게 겸손과 근면과 풍성한 위
> 로를 가져다줄 것이다¹⁰⁾.

참조성구
7)롬 9 : 20, 11 : 33, 신 29 : 29 8)벧후 1 : 10 9)엡 1 : 6, 롬 11 : 33 10)
롬 11 : 5−6, 20, 벧후 1 : 10, 롬 8 : 33, 눅 10 : 20

요지
(1) 하나님은 목적뿐만 아니라 그 방법까지도 미리 작정하시었다.
(2) 유기자를 작정하심은 그의 영광스러운 공의를 찬미케 하려 하심
   이다.
(3) 예정론의 목적은 피택자로 하여금 하나님의 유효한 부르심과 그
   의 영원한 선택을 확신시키시기 위함이다.

도움말
   하나님의 영원한 선택의 직접적인 목적은 피택자 전원의 구원
이다. 하지만 최종 목적은 역시 하나님의 자신의 영광이시다.

하나님께서는 그 무엇이든지 반드시 자기 자신의 영광을 위하여 행하시기 때문이다.

성경공부

1. 택함받은 자는 어떻게 하나님의 아들이 될 수가 있읍니까? (엡 1 : 5)

_____

2. 피택자(택하신 자)의 구원을 위하여 하나님께서 정하신 방법은 무엇입니까? (살후 2 : 13-14)

_____

3. 말세에 예비하신 구원을 얻기 위한 비결은? (벧전 1 : 5)

_____

4. 어떠한 사람이라야 하나님의 뜻과 교훈을 잘 깨닫고 분별할 수가 있을까요? (요 7 : 17)

_____

5. 벧전 2 : 6-8을 읽고 다음에 답해 보십시오.
   1) 예수 그리스도는 믿는 자들에게 무엇이 되시나요? (벧전 2 : 6)

   _____

   2) 반면에 믿지 아니하는 자들에게는 무엇이 되십니까? (벧전 2 : 8상)

   그 이유는 무엇일까요? (벧전 2 : 8 하)

   _____

6. 택함받지 못한 자는 결국 어떻게 됩니까? (요 17 : 12 ; 마 22 : 13-14)

7. 부르심(소명)과 택하심(선택)을 굳게 하는 자에게 주시는 두 가지 은총은? (벧후 1 : 10 - 11)

1) _____

2) _____

적용

⑴ 청함(부르심)받은 상태만 가지고도 능히 구원받을 수가 있을까 요? (마 22 : 14)

_____

⑵ 예정론의 목적을 간단히 진술해 보십시오.

_____

제 *10* 과 세계와 인간 창조

요절 골로새서 1 : 16, 창세기 1 : 27

본문／제 4 장 창조 1－2

> **1.** 성부, 성자, 성령 하나님께서는[1] 그의 영원하신 능력
> 과 지혜와 인자하심을 나타내시기 위해서[2] 태초에 아무것
> 도 없는 것에서 세계와 그 안에 있는 모든 것(만유)을 보이
> 는 것이든지 보이지 않는 것이든지 엿새 동안에 창조하시기
> 를 기뻐하셨으니 모든 것이 심히 좋았다[3].

참조성구
1)히 1 : 2, 요 1 : 2－3, 창 1 : 2, 욥 26 : 13, 28 : 4 2)롬 1 : 20, 렘 10 :
12, 시 54 : 24, 33 : 5－6 3)창 1 : 1－31, 히 11 : 3, 골 1 : 16, 행 17 :
24

> **2.** 하나님께서는 다른 모든 피조물들을 지으신 후에 사람
> 을 남자와 여자로 지으시고[4] 이성적이고 불멸적인 영혼을
> 주셨으며[5] 자기의 형상을 따라 지식과 의와 참된 거룩함을
> 부여해 주셨으며[6] 그들의 마음에 하나님의 율법을 기록해
> 주셨으며[7] 그 율법을 이행할 수 있는 능력도 주셨다[8]. 그
> 렇지만 그들이 범죄할 수 있는 가능성 아래 그들 자신의 의
> 지의 자유를 허락해 주셨는데 그 의지는 변하도록 되어 있
> 었다[9]. 그들의 마음속에 새겨진 이 율법 외에도 그들은 선
> 악을 알게 하는 나무의 열매를 따먹지 말라는 명령을 받았
> 다[10]. 그들이 그 명령을 지켰을 동안에는 그들은 하나님과
> 교통하는 가운데 즐거워하며 피조물들을 다스렸었다[11].

참조성구

4)창 1 : 27 5)창 2 : 7, 전 12 : 7, 눅 23 : 43, 마 10 : 28 6)창 1 : 26, 골 3 : 10, 엡 4 : 24 7)롬 2 : 14-15 8)전 7 : 29 9)창 3 : 6, 전 7 : 29 10) 창 2 : 17, 3 : 8-11, 23 11)창 1 : 26, 28

요지

(1) 삼위일체 하나님께서 온 우주 만물을 창조하셨다.

(2) 하나님은 사람을 남자와 여자로 지으시되 하나님의 형상대로 창조하셨다.

(3) 사람은 하나님께 순종할 능력도, 타락할 능력도 동시에 가지고 있었다.

도움말

창조(創造)란 하나님께서 자신의 영광을 나타내시기 위하여 기존자료(既存資料)를 사용함이 없이 전혀 아무것도 없는(無) 데서 세계와 그 가운데 있는 만유(萬有)를 지으신 것을 뜻한다. 이와같은 창조 교리는 성경 이외의 그 어떤 다른 사료(史料)에서는 배울 수 없고 오직 신앙에 의해서만 받아들일 수 있다.

성경공부

1. 하나님께서 온 우주와 만물을 어떻게 창조하셨읍니까? (요 1 : 1-3 ; 히 11 : 3)

   _____

2. 창조하신 만물을 두 가지로 구분해 보십시오 (골 1 : 16).

   1) _____
   2) _____

3. 하나님은 언제 창조사역을 시작하셨으며 얼마 동안 그 사역을 진행시키셨읍니까? (창 1 : 1, 2 : 1-2)

   1) _____

2) _____

4. 사람은 어떻게 창조되었읍니까? (창 1 : 26 - 27)

5. 하나님의 형상은 구체적으로 무엇을 의미하고 있을까요?
   (골 3 : 10 ; 엡 4 : 24)

   _____

6. 인간 창조의 직접적인 목적은 무엇입니까? (창 1 : 26)

   _____

7. 창조의 궁극적인 목적은 과연 무엇이었을까요? (사 43 : 7 ;
   롬 11 : 36 ; 골 1 : 16 하)

   _____

적용

⑴ 하나님의 전 피조물에 대한 자기 평가나 감상을 한마디로 표현해
   보십시오(창 1 : 31).

   _____

⑵ 창조가 인간의 발견이나 발명과 근본적으로 다른 점(차이점)은
   무엇입니까?

   _____

제 *11* 과 하나님의 섭리의 특색

요절 시편 135 : 6, 에베소서 1 : 11
본문／제 5 장 섭리 1-4

1. 만물의 위대한 창조자 하나님께서는 모든 피조물들과 그들의 언행심사를 보존하시고[1], 감독하시고, 처리하시고, 통치하시되[2], 가장 큰 것으로부터 가장 작은 것에 이르기까지 그렇게 하시며[3], 그의 가장 지혜롭고 거룩한 섭리에 의하여[4] 그의 무오한 예지(豫知)와[5], 그 자신의 의지의 자유롭고 불변하는 계획을 따라서 하신다[6]. 이로써 그의 지혜, 능력, 공의, 선하심, 그리고 자비의 영광을 찬미케 하신다[7].

참조성구
1)히 1 : 3 2)단 4 : 34-35, 시 135 : 6, 행 17 : 25-26, 28, 욥 38장, 39장, 41장 3)마 10 : 29-31 4)잠 15 : 3, 시 104 : 24, 145 : 17 5)행 15 : 18, 시 94 : 8-11 6)엡 1 : 11, 시 33 : 10-11 7)사 63 : 14, 엡 3 : 10, 롬 9 : 17, 창 45 : 7, 시 145 : 7

2. 제1 원인되시는 하나님의 예지와 작정에 따라 모든 일들이 변함이나 틀림없이 일어난다[8]. 그렇지만 동일한 섭리에 의해서 하나님은 제2 원인들의 성질에 따라 필연적으로 자유롭게 또는 우발적으로 일어나도록 명령하셨다[9].

참조성구
8)행 2 : 23 9)창 8 : 22, 렘 31 : 35, 출 21 : 13, 신 19 : 5, 왕상 22 : 28, 34, 사 10 : 6-7

> **3.** 하나님은 그의 일반적인 섭리에서 수단들을 사용하신다[10]. 그렇지만 그는 그 수단들 없이[11], 초월하여[12], 그리고 역행하여[13], 자기 기쁘신대로 자유롭게 역사하신다.

참조성구

10)행 27 : 31, 44, 사 55 : 10−11, 호 2 : 21−22 11)호 1 : 7, 마 4 : 4, 욥 34 : 10 12)롬 4 : 19−21 13)왕하 6 : 6, 단 3 : 27

> **4.** 하나님의 전능하신 능력과 측량할 수 없는 지혜와 무한하신 자비가 그의 섭리에 잘 나타나 있다. 그 섭리는 아담의 첫번째 타락과 천사들과 사람들의 모든 다른 죄들에게까지 미친다[14]. 그런데 그러한 죄들은 단순한 허용에 의한 것이 아니며[15], 여러 세대에, 그것들을 가장 지혜롭고 강력하게 억제하시고[16] 그밖에도 명령하시고 주관하시어 그 자신의 거룩한 목적들을 이루도록 하신다[17]. 그렇지만 죄악성은 오직 피조물에게서 나온 것이며 하나님에게서 나온 것이 아니다. 하나님은 가장 거룩하시고 의로우시기 때문에 죄의 조성자이거나 승인자가 아니시며 또한 그러실 리도 없다[18].

참조성구

14)롬 11 : 32−34, 삼하 24 : 1, 대상 21 : 1, 왕상 22 : 22−23, 대상 10 : 4, 13−14, 삼하 16 : 10, 행 2 : 32, 4 : 27−28 15)행 14 : 16 16)시 76 : 10, 왕하 19 : 28 17)창 1 : 20, 사 10 : 6−7, 12 18)약 1 : 13−14, 17, 요일 2 : 16, 시 1 : 21

요지

(1) 하나님께서는 그의 섭리로 그가 창조하신 만물을 보존, 감독, 통치하신다.

(2) 하나님은 섭리하심에 있어서 반드시 그 기쁘신 뜻대로 행하신다.

(3) 하나님은 가장 거룩하시고 의로우시므로 죄의 조성자가 아니시며 승인자도 아니시다.

도움말

섭리(攝理)란 하나님께서 모든 피조물을 보존하시며, 세계에서 생성하는 모든 일에 행동하시며, 만물을 그 정해진 목적으로 인도하시는 하나님의 사역이다. 하나님께서 온 우주 만물 그리고 모든 일(만사)을 섭리하시고 통치하시기 때문에 성경은 우연이나 숙명(운명)을 단연코 배제한다.

성경공부

1. 하나님은 어떻게 만물을 보존하시고 섭리하십니까? (히 1 : 3 중)

_____

2. 하나님은 한마디로 어떠하신 분이실까요? (엡 1 : 11 ; 시 135 : 6 ; 단 4 : 35)

_____

3. 그렇다면 이 세상에 우연은 과연 단 한 가지라도 존재할까요? (마 10 : 29－31)

_____

4. 여호와께서 다윗을 감동시키신 목적은 무엇입니까? (삼하 24 : 1 상)

그러나 그보다 먼저 누구의 충동질이 있었읍니까? (대상 21 : 1)

_____

5. 그러므로 하나님은 어떠하신 분이실까요 ? (욥 34 : 10)

_____

6. 요셉은 자신을 애굽에 보내신 분이 누구임을 깨달았읍니까 ?
   (창 45 : 7-8)

_____

   그 목적은 무엇이었읍니까 ? (창 45 : 7)
   1) (창 50 : 20)

_____

   2) (시 105 : 16-22)

_____

적용

⑴ 하나님의 섭리와 숙명론의 차이점에 대해서 진술해 보십시오.

   1) 하나님의 섭리 _____

   _____

   2) 숙명론 _____

⑵ 하나님께서 죄의 조성자나 승인자가 되실 수 없는 이유는 그의 어
   떠한 성품 때문일까요 ?

_____

제 *12*과   하나님의 섭리의 목적

요절 로마서 8 : 28, 데살로니가후서 2 : 9－12,
고린도후서 12 : 7

본문/제 5 장   섭리 5－7

> **5.** 가장 지혜로우시고 의로우시고 은혜로우신 하나님께
> 서는 때때로 자기의 친자녀들이 각종 유혹에 빠지며 그들
> 자신들의 부패한 마음대로 행하도록 얼마동안 내버려 두신
> 다. 이는 그들이 전에 지은 죄들을 인하여 그들을 징계하
> 시거나, 아니면 그들의 부패하고 간사한 마음이 얼마나 강
> 력한 잠재력을 가지고 있는가를 깨달아 겸손케 하기 위함
> 이요[1], 또한 그들을 깨우쳐 그들이 보전되기 위하여 하나
> 님 자신에게 더욱 친밀하고 성실하게 의존토록 하기 위함
> 이며, 또한 장차 있을 모든 죄의 유인(誘因)들에 대비하
> 여, 여러가지 다른 의롭고 거룩한 목적들을 위하여 더욱 깨
> 어있게 하기 위함이다[2].

참조성구
1)대하 32 : 25－26, 31, 삼하 24 : 1 2)고후 12 : 7－9, 시 73편, 77 : 1, 10,
12, 막 14 : 66 하, 요 21 : 15－17

> **6.** 의로우신 재판장이신 하나님께서 전에 지은 죄들을 인
> 하여 그들의 눈을 어둡게 하시고 마음을 강퍅하게 하신 사악
> 하고 불경건한 사람들의 경우[3], 그들에게 깨달음을 주고 그
> 들의 마음속에 역사하였을 그의 은혜를 하나님은 그들에게
> 허락하지 않으실 뿐만 아니라[4], 때로는 그들이 가지고 있던

은사들을 빼앗으신다⁵⁾. 또한 그들을 내버리어 그들의 부패함이 기회를 타서 죄를 범하는 대상들이 되게 하신다⁶⁾. 또한 동시에 그들을 그들 자신의 정욕과 세상의 유혹들과 사단의 권세에 내맡겨 버리신다⁷⁾. 그로 말미암아 그들은 하나님께서 다른 사람들의 마음을 부드럽게 하기 위해서 쓰시는 수단들을 가지고서도 자신들을 강퍅하게 하는 것이다⁸⁾.

참조성구
3)롬 1 : 24, 26, 28, 11 : 7−8 4)신 29 : 4 5)마 13 : 12, 25 : 29 6)신 2 : 30, 왕하 8 : 12−13 7)시 81 : 11−12, 살후 2 : 10−12 8)출 7 : 3, 8 : 15, 32, 고후 2 : 15−16, 사 8 : 14, 벧전 2 : 7−8, 사 6 : 9−10, 행 28 : 26−27

> **7.** 하나님의 섭리가 일반적으로 모든 피조물들에 미치는 것처럼 가장 특별한 방식을 따라, 하나님은 그의 섭리로 자기 교회를 돌보시며 모든 일들이 합력하여 선을 이루도록 처리하신다⁹⁾.

참조성구
9)암 9 : 8−9, 롬 8 : 28

요지
⑴ 은혜의 하나님은 그의 친 자녀들일지라도 잠정적인 유기(일시적인 내어버림)상태에 놓이게 하실 때가 있다.
⑵ 공의의 하나님은 악인이나 불경건한 자들의 죄로 인하여 그들을 강퍅케 하시고 또한 사단의 권세에 넘겨 주실 때가 있다.
⑶ 그리스도의 몸된 교회는 하나님의 특별섭리 대상이다.

도움말
일반섭리란 하나님께서 우주전체를 관리하시는 것이며, 특별섭리란 우주의 각 부분을 돌보시는 것이다. 특별섭리의 요소에는 다음과 같은 3요소가 내포되어 있다.

①보존 – 하나님께서 만물을 후원하시는 그의 계속적인 사역.

②협력 – 하나님께서 그의 모든 창조물과 합력하시며 그들로 하여금 그들의 일을 정확히 하게 하시는 하나님의 사역.

③통치 – 만물이 그들 자신의 존재 목적에 응할 수 있도록 그들을 다스리시는 하나님의 계속적인 활동.

성경공부

1. 하나님께서 죄를 허물치 않으시고 묵인하신 때(시대)가 있었을까요? (행 14 : 16, 17 : 30)

_____

2. 역대하 32 : 24 – 26을 읽고 다음에 답해 보십시오.

1) 히스기야 왕은 병들어 죽게 되었을 때 어떻게 함으로써 그 생명이 15년이나 연장되었읍니까? (사 38 : 1 – 8)

_____

2) 그런데 왜 다시 그에게 진노가 임하게 되었읍니까? (대하 32 : 25)

_____

3) 그가 다시 마음의 교만을 뉘우쳤을 때 베푸신 하나님의 자비(선처)는? (대하 32 : 26)

_____

3. 하나님께서 이스라엘을 그 마음의 강퍅한대로 버려두어 임의로 행케 하신 이유는 무엇입니까? (시 81 : 11 – 12)

_____

4. 하나님께서 헤스본 왕 시혼의 성품을 완강케 하고 그 마음을
   강케 하신 목적은? (신 2 : 30)

_____

5. 하나님께서 이방인(범죄하는 자)들을 그대로 내어버려 두신
   요인은 무엇이었을까요? (롬 1 : 24, 26, 28)

6. 멸망하는 자들에게 사단의 역사와 유혹이 뒤따르는 원인은
   무엇입니까? (살후 2 : 9-12)

_____

_____

7. 하나님께서는 누구(어떠한 사람)에게 모든 일이 합력하여 선
   을 이루시도록 도모하십니까? (롬 8 : 28)

_____

적용

(1) 때때로 하나님께서 그의 자녀들에게 사단의 사자 곧 육체의 가시
   (질병이나 고난)를 주시는 이유나 목적은 무엇일까요? (고후
   12 : 7-9)

(2) 신앙 생활에 장담이나 과신이 있을 수 있읍니까? (막 14 : 66-
   72, 14 : 27-31)

_____

제 *13* 과   인류의 타락

요절 로마서 5 : 12, 6 : 23

본문／제 6 장 인간의 타락, 죄, 형벌 1 - 3

> **1.** 우리의 첫 조상 아담과 하와는 사단의 간계와 시험에 의해서 유혹을 받아 금하신 열매를 먹음으로 범죄하였다[1]. 하나님께서는 이러한 그들의 죄를 그의 지혜롭고 거룩하신 계획에 따라 허락하시기를 기뻐하셨다. 그것을 명하심은 하나님 자신의 영광을 드러내시기 위함이었다[2].

참조성구   1)창 3 : 13, 고후 11 : 3 2)롬 11 : 32

> **2.** 이 죄로 말미암아 그들은 본래의 의(원의)를 잃게 되고 하나님과의 교통이 단절되었다[3]. 그리하여 죄로 죽게 되었고[4] 영혼과 육신의 기능과 부분들이 완전히 더럽혀졌다[5].

참조성구
3)창 3 : 6-8, 전 12 : 29, 롬 3 : 23 4)창 2 : 17, 엡 2 : 1 5)딛 1 : 15, 창 6 : 5, 렘17 : 9, 롬 3 : 10-18

> **3.** 그들은 온 인류의 시조이기 때문에 이 죄책이 그들의 모든 후손들에게 전가되었다[6]. 또한 죄로 인한 동일한 죽음과 부패한 성품이 보통의 출생법(생육법)에 의해서 태어나는 그들의 모든 자손과 후손들에게 전달되었다[7].

참조성구

6)창 1 : 27 − 28, 3 : 16 − 17, 행 17 : 26, 롬 5 : 12, 15 − 19, 고전 15 : 21 − 22, 45, 49 7)시 51 : 5, 창 5 : 3, 욥 14 : 4, 15 : 14

요지

(1) 우리 첫 조상 아담과 하와는 사단의 시험과 간계에 넘어가 범죄하였다.

(2) 인류의 범죄로 말미암아 하나님과의 교제는 단절되고 사망을 당하게끔 되었다.

(3) 인류 시조의 죄로 인하여 그의 모든 후손들에게 죄책과 사망과 부패한 성품이 전가되고 유전되었다.

도움말

인류의 시조 아담의 죄가 그의 후손인 전 인류에게 전가(轉嫁)되었다. 여기서 죄의 전가란 죄책(guilt)이 전가된 것을 뜻한다. 죄책이란 도덕적 과실이다. 즉, 오염이 아니라 공의를 만족시킬 법정적 책무(責務)를 의미한다.

성경공부

1. 인류의 첫 조상인 아담과 하와 중 누가 먼저 마귀의 꾀임(유혹)을 받았읍니까? (딤전 2 : 13 − 14)

2. 옛 뱀인 사단이 하와를 미혹케 한 방법은 무엇입니까? (고후 11 : 3)

3. 마귀의 근본적인 죄목은? (딤전 3 : 6)

4. 마귀의 올무에서 벗어나는 비결을 진술해 보십시오(딤후 2 : 26).

5. 만물보다 거짓되고 심히 부패한 것은? (렘 17 : 9)

_____

6. 어떻게 죄가 이 세상에 들어오게 되었읍니까? (롬 5 : 12)

_____

7. 사망은 무엇으로 인하여 왕노릇하게 되었읍니까? (롬 5 : 17 상)

_____

그러면 이 사망 권세 잡은 자는 누구일까요? (히 2 : 14)

_____

8. 이 세상에 의인이 단 한 사람이라도 있을까요? (롬 3 : 10 – 12 ; 전 7 : 20)

_____

범죄한 인류(죄인)에 대한 하나님의 징벌 내용은 무엇입니까? (롬 6 : 23 ; 창 3 : 19 하)

_____

적용

(1) 첫 사람 아담의 죄가 그의 후손인 온 인류에게 전가된다고 하는 것은 어떤 원리에 의해서인가요? (롬 5 : 12 ; 고전 15 : 21 – 22 ; 행 17 : 26)

_____

(2) 하나님께서 인류의 모든 족속을 한 혈통(아담)으로 만드신 근본 목적은 무엇일까요? (행 17 : 26 – 27)

_____

제 *14* 과   인간의 전적 부패와
원죄와 본죄

요절   로마서 3 : 10 − 12

본문／제 6 장   인간의 타락, 죄, 형벌 4 − 6

> **4.** 이 원 부패성 때문에 우리는 전적으로 무능력하게 되
> 어 전혀 선을 행할 수 없고 모든 선한 것을 대적하고[1] 완
> 전히 모든 악을 행하려는 경향이 있다[2]. 이 원 부패로부터
> 모든 실제적인 범죄가 나온다[3].

참조성구
1)롬 5 : 6, 7장, 8 : 7, 골 1 : 21 2)창 6 : 5, 8 : 21, 롬 3 : 10 − 12 3)약
1 : 14 − 15, 엡 2 : 2 − 3, 마 15 : 19

> **5.** 이러한 부패성은 이 세상을 사는 동안에 중생한 사람
> 들 속에도 남아 있다[4]. 비록 그 부패가 그리스도를 통하여 용
> 서함받고 억제된다고 할지라도 부패 자체와 그것에서 비롯
> 되는 모든 행동들은 참으로 그리고 당연히 죄인 것이다[5].

참조성구
4)요일 1 : 8, 10, 롬 7 : 14, 17, 23, 28, 약 3 : 2, 잠 20 : 9, 전 7 : 20 5)롬
7 : 5, 7 − 8, 25, 갈 5 : 17

> **6.** 원죄와 본죄 곧, 모든 죄는 하나님의 의로운 율법에
> 대한 위반이요 그것 (율법)에 반대되는 것이므로[6] 죄 자체의
> 성격상 죄인에게 죄책을 가져다 준다[7]. 그 죄책으로 말미암

아 죄인은 하나님의 진노와[8] 율법의 저주를 반드시 받게 된다[9]. 그리하여 사망을 당하되[10] 동시에 모든 영적인[11], 현세적인[12] 영원한 불행(고통)들을[13] 같이 겪게 된다.

참조성구

6)요일 3 : 4 7)롬 2 : 15, 3 : 9, 19 8)엡 2 : 3 9)갈 3 : 10 10)롬 6 : 23
11)엡 4 : 18 12)롬 8 : 20, 애 3 : 39 13)마 25 : 41, 살후 1 : 9

요지

(1) 온 인류는 전적으로 부패했기 때문에 선을 행할 의지도 능력도 전혀 상실하였다.

(2) 비록 중생한 사람일지라도 이 부패성은 그대로 남아있게 된다.

(3) 원죄든 자범죄든 모든 죄는 하나님의 율법에 대한 위반이며 이로 인해 죄인은 하나님의 진노와 저주와 영원한 사망을 초래케 된 것이다.

도움말

인간의 전적 부패란 사람이 범위(넓이)에 있어서 뿐만 아니라 정도(깊이)에 있어서도 완전히 악하다는 의미이다. 일반적으로 죄는 원죄(original sin)와 본죄(actual sin)로 구분된다. 모든 사람은 아담과의 관계로 인하여 타락 후 죄의 신분(身分)과 상태(狀態)에서 태어난다. 이 상태를 원죄(原罪)라고 하며 본죄(本罪)란 외부적인 행위의 죄뿐만 아니라 원죄에서 나오는 모든 의식적 사고와 의지를 또한 포함한다.

성경공부

1. 육신의 생각이 하나님과 원수가 되는 이유는 무엇입니까?
   (롬 8 : 7)

2. 이전(과거)에 우리는 무엇 때문에 하나님을 멀리 떠나 그와 원수가 되었읍니까? (골 1 : 21)

_____

그밖에 하나님의 생명에서 떠나있게 된 세 가지 요인은 무엇인가요? (엡 4 : 18)

1) _____
2) _____
3) _____

3. 하나님은 왜 사람 지으셨음을 한탄하고 근심하셨읍니까? (창 6 : 5-6)

_____

4. 인간의 마음에서 나오는 7가지 죄목은? (마 15 : 19)

_____

5. 전혀 죄가 없다고 주장하고 있는 자들의 3대 잘못(모순점)을 지적해 보십시오(요일 1 : 8, 10).

1) _____
2) _____
3) _____

6. 모든 범죄자들의 최종 결국은 무엇입니까? (계 21 : 8)

_____

7. 육체의 소욕(범죄에로의 유혹)을 이기는 비결은? (갈 5 : 16-17)

_____

적용

(1) 거듭난 자가 결코 범죄할 수 없다는 요일 3 : 9말씀과 요일 5 : 18 말씀에 대해서 간단히 설명해 보십시오.

_____

_____

(2) 다음에 제시된 성구를 참조하여 죄의 정의에 대해서 진술해 보십 시오.

1) (요 16 : 9) _____

2) (요일 3 : 4) _____

3) (요일 5 : 17) _____

4) (약 4 : 17) _____

5) (롬 14 : 23) _____

제 *15* 과　행위언약

요절　창세기 2 : 16 — 17

본문／제 7 장　인간과 맺으신 하나님의 언약 1 — 3

> **1.** 하나님과 피조물 사이의 간격이 너무나 크기 때문에 비록 이성적인 피조물에게는 하나님을 그들의 창조주로 순종해야 할 의무가 있지만 그들은 하나님에게서 무슨 축복이나 상급을 열매 맺을 수가 없었고 오로지 하나님편에서 자원하여 베푸신 은혜 (자발적인 겸손)로써만 가능하였다. 그런데 그 은혜를 하나님께서는 언약을 수단으로 하여 나타내시기를 기뻐하셨다[1].

참조성구
1)사 40 : 13 — 17, 욥 9 : 32 — 33, 삼상 2 : 25, 시 113 : 5 — 6, 50 : 2 — 3, 욥 22 : 2 — 3, 35 : 7 — 8, 눅 17 : 10, 행 17 : 24 — 25

> **2.** 인간과 맺은 첫번째 언약은 행위언약이었다[2]. 그 행위언약으로 생명이 아담과 그 안에서 그의 후손에게 약속되었다[3]. 그 언약의 조건은 완전하고 개별적인 순종이었다[4].

참조성구
2)갈 3 : 12　3)롬 10 : 5, 5 : 12 — 20　4)창 2 : 17, 갈 3 : 10

> **3.** 인간은 타락함으로 말미암아 행위언약으로는 생명을 얻을 수가 없게 되어버렸기 때문에, 주께서 두 번째 언약을 맺으시기를 기뻐하셨다[5]. 이 언약은 일반적으로 ‘은혜언약’이라고 불리운다. 그 언약에 의하여 주님은 죄인들에게 생

명과 구원을 예수 그리스도로 말미암아 값없이 주셨다. 그러나 그들이 구원받도록 하기 위해서, 그리스도를 믿는 신앙을 그들에게 요구하시고[6], 생명에 이르도록 작정되어 있는 모든 자들에게 그의 성령을 주시어 그들로 하여금 기꺼이 그리스도를 믿을 수 있게 하실 것을 약속하셨다[7].

참조성구

5)갈 3 : 21, 롬 8 : 3, 3 : 20─21, 창 3 : 15, 사 42 : 6 6)막 16 : 15─16, 요 3 : 16, 롬 10 : 6, 9, 갈 3 : 11 7)겔 36 : 26─27, 요 6 : 44─45

요지

(1) 하나님께서는 언약을 수단으로 은혜를 베푸신다.

(2) 첫번째 언약은 행위언약으로서 그 조건은 완전하고 개별적인 순종이며 그 약속은 생명이다.

(3) 인류의 타락으로 인해 두 번째 언약인 은혜언약이 필요케 되었으며 이 언약에는 그리스도를 믿는 신앙이 요구된다.

도움말

행위언약은 하나님이 전 인류를 대표하는 아담과 세우신 엄숙한 협정이니 이것에서 하나님은 그에게 순종을 조건으로 하여 영생을 약속하시고 불순종의 경우에 영사(永死)로써 형벌하실 것을 경고하셨다.

성경공부

1. 비록 우리가 하나님의 계명을 다 준행하였다고 할지라도 우리 인간은 하나님 앞에 어떠한 존재인가요? (눅 17 : 10)

_____

2. 그러므로 인간의 행위나 의로움이 하나님께 조금이라도 유익을 끼칠까요? (욥 22 : 2─3, 35 : 7─8)

_____

3. 행위언약의 내용은 구체적으로 무엇입니까? (창 2 : 16 - 17)

   1) _____

   2) _____

   3) _____

4. 아담은 그 행위언약을 잘 지켰읍니까? (호 6 : 7)

_____

5. 율법의 저주 아래 놓이지 않게 되는 비결은? (갈 3 : 10)

_____

6. 율법의 행위로 하나님 앞에 의로워질 수가 있을까요? (롬 3 : 20)

_____

7. 그러면 하나님의 계명(율법)을 지킬 수 있는 방법이나 비결은 무엇입니까? (겔 36 : 26 - 27 ; 딤후 1 : 13 - 14)

_____

_____

적용

⑴ 인간의 선행이나 행위로 구원받을 수 없는 요인이나 이유를 들어 보십시오(사 64 : 5 - 6 ; 딛 3 : 4 - 5).

   1) _____

   2) _____

⑵ 하나님의 율법의 역할(임무)은 무엇입니까? (갈 3 : 24)

_____

_____

제 *16* 과   은혜언약

요절 요한복음 3 : 16, 히브리서 9 : 15

본문/제 7 장 인간과 맺으신 하나님의 언약 4-6

> **4.** 이 은혜언약은 유언이라는 이름으로, 유언자이신 예수 그리스도의 죽음과 유언으로 양도되는 영원한 기업과 거기에 속하는 모든 것들에 관하여 성경에 자주 말씀되어 있다[1].

참조성구
1)히 9 : 15-17, 7 : 22, 눅 22 : 20, 고전 11 : 25

> **5.** 이 언약은 율법 시대와 복음 시대에 각기 다르게 집행되었다[2]. 율법 아래서의 언약은 약속들, 예언들, 제물들, 할례, 유월절 양 그리고 유대 백성들에게 전해진 다른 모형들과 의식들에 의하여 집행되었는데 이 모든 것은 장차 오실 그리스도를 예표하였다[3]. 그리고 그 당시에는 성령의 사역으로 말미암아, 이 모든 것은 약속된 메시야를 믿는 신앙으로 피택자들을 교훈하며 세우는 데 충분하고 유효하였다[4]. 그 메시야로 말미암아 그들은 완전한 죄 사함과 영원한 구원을 얻었는데 이를 '구약'이라고 부른다[5].

참조성구
2)고후 3 : 6-9 3)히 8장, 9장, 10장, 롬 4 : 11, 골 2 : 11-12, 고전 5 : 7 4)고전 10 : 1-4, 히 11 : 13, 요 8 : 56 5)갈 3 : 7-9, 14

> **6.** 복음 아래서 복음의 본질(본체)이신[6] 그리스도께서 나타나시게 되자 이 언약이 집행되는 의식들로는 말씀 선포와 세례와 주의 만찬인 성례 집행이다[7]. 이 의식들은 숫자적으로는 얼마 안되고 단조롭고 그리고 외적인 화려함도 없이 진행되지만 그것들에서 그 언약이 더욱 충분하고 확실하고 영적 효력을 가지고[8] 모든 민족들, 곧 유대인들과 이방인들에게 제시되어 있다[9]. 이를 신약이라고 부른다[10]. 그러므로 본질면에서 차이가 있는 두 종류의 언약이 있는 것이 아니고 여러 세대에 걸쳐있기는 하지만 동일한 언약이 있을 뿐이다[11].

참조성구
6)골 2 : 17 7)마 28 : 19−20, 고전 11 : 23−25 8)히 12 : 22−27, 렘 31 : 33−34 9)마 28 : 19, 엡 2 : 15−19 10)눅 22 : 20 11)갈 3 : 14, 16, 행 15 : 11, 롬 3 : 21−23, 30, 시 32 : 1, 롬 4 : 3, 16−17, 23−24, 히 13 : 8

요지
(1) 은혜언약은 유언자이신 예수 그리스도의 죽으심과 깊은 관련이 있으며 영원한 기업(영생)이 약속되어 있다.
(2) 율법 시대의 은혜언약을 구약이라고 부르는데 주로 유대인들에게 전파되었으며 장차 오실 예수 그리스도를 예표한다.
(3) 복음 시대의 은혜언약을 신약이라고도 부르는데 유대인은 물론 이방인에게까지 그 효력이 미치지만 본질적으로 은혜언약은 예나 지금이나 동일할 뿐이다.

도움말
은혜언약이란 하나님과 피택한 죄인 사이의 협정이니 이것에서 하나님은 그리스도에 대한 신앙을 통하여 얻을 구원을 약속

하시고 죄인은 그 약속을 신념적으로 수납(受納)하며 신앙과 순
종을 약속한다.

성경공부

1. 하나님께서는 왜 이스라엘 백성과 영원한 언약을 맺으셨을까
   요? (창 17 : 7-8)

   그 보증금(증거물)은 무엇인가요? (창 17 : 8)

2. 새 언약의 구체적인 핵심 내용은 무엇입니까? (히 8 : 10 ;
   렘 31 : 33)

3. 새 언약은 무엇으로 세워진 언약인가요? (눅 22 : 20)

4. 우리의 유월절 양은 누구이십니까? (고전 5 : 7)

5. 유언(언약)의 효력은 언제라야 견고하고 유효한가요? (히
   9 : 16-17)

6. 새 언약(은혜 언약)의 중보이신 예수 그리스도는 왜 십자가
   에 죽으셨을까요? (히 9 : 15 상)

   그 최종 목적은 무엇이었읍니까? (히 9 : 15 하)

7. 이방인과 유대인은 모두 동일한 방법으로 구원을 받읍니다.

그 방법은 무엇일까요? (행 15 : 11)

적용

(1) 은혜에 대한 정의를 내려보십시오.

(2) 예수 그리스도의 죽으심은 새 언약의 중보자로서의 죽으심이며 동시에 대속적인 죽으심입니다. 그 의미를 간단히 설명해보십시오.

제 *17* 과 신인이신 중보자 예수 그리스도

요절 디모데전서 2 : 5

본문/제 8 장 중보자 그리스도 1−3

> **1.** 하나님께서는 그의 영원하신 목적을 따라 그의 독생자 이신 예수 그리스도를 택정하여 하나님과 사람 사이에 중보자가 되게 하시며[1] 선지자[2], 제사장[3], 왕[4], 그의 교회의 머리와 구주[5], 만유의 후사[6], 세상의 심판자가[7] 되게 하시기를 기뻐하셨다. 하나님께서는 그의 독생자에게 영원전부터 한 백성을 주시어서 그의 씨(후손)가 되게 하셨고[8] 때가 되매 그로 말미암아 그 백성이 구속함을 받고, 부르심을 받고, 의롭다 함을 받고, 성화되고 영화롭게 되도록 하셨다[9].

참조성구
1)사 42 : 1, 벧전 1 : 19−20, 요 3 : 16, 딤전 2 : 5 2)행 3 : 22 3)히 5 : 6 4)시 2 : 6, 눅 1 : 33 5)엡 5 : 23 6)히 1 : 2 7)행 17 : 31 8)요 17 : 6, 시 22 : 30, 사 53 : 10 9)딤전 2 : 6, 사 55 : 4−5, 고전 1 : 30

> **2.** 삼위일체 중에 제2위이신 하나님의 아들은 참되시고 영원하신 하나님이시요 성부와 한 본체이시며 또한 동등하신 분으로서 때가 차매 인간의 본성을 입으셨다[10]. 또한 인간의 본성에 속한 모든 본질적인 성질들과 일반적인 약점(연약함)들을 아울러 취하셨으나 죄는 없으시다[11]. 그는 성령의 능력으로 동정녀 마리아의 몸에 잉태되시고 그녀의 피

와 살을 받아 태어나셨다[12]. 그러므로 두 개의 온전하고 완전하고 구별된 본성인 신성과 인성이 전환이나 혼합이나 혼동됨이 없이 한 위격(位格-한 인격) 안에서 분리할 수 없게 서로 결합되었다[13]. 그 위격은 참 하나님이자 참 사람이시되 한 분 그리스도이시요, 하나님과 사람 사이의 유일한 중보자이시다[14].

참조성구
10)요 1 : 1, 14, 요일 5 : 20, 빌 2 : 6, 갈 4 : 4 11)히 2 : 14, 16-17, 5 : 15 12)눅 1 : 27, 31, 35, 갈 4 : 4 13)눅 1 : 35, 골 2 : 9, 롬 9 : 4, 벧전 3 : 18, 딤전 3 : 16 14)롬 1 : 3-4, 딤전 2 : 5

3. 신성과 결합된 인성을 입으신 주 예수는 성령으로 한량없이 성화되고 기름부음을 받았으며[15] 그에게는 지혜와 지식의 모든 보화가 있었고[16] 성부께서는 모든 충만으로 그 안에 거하기를 기뻐하셨다[17]. 이는 그가 거룩하고 악이 없고 더러움이 없고 은혜와 진리로 충만하여[18] 중보자와 보증인의 직분을 수행하는 데 철저히 예비케 하시기 위함이었다[19]. 이 직분은 그가 스스로 취하신 것이 아니요 하나님 아버지의 부르심에 의해서 맡겨진 것이다[20]. 성부께서는 모든 권능과 심판을 그의 손에 맡기시고 또한 그로 하여금 그것을 수행하도록 명령하셨다[21].

참조성구
15)시 45 : 7, 요 3 : 34 16)골 2 : 3 17)골 1 : 19 18)히 7 : 26, 요 1 : 14 19)행 10 : 38, 히 12 : 24, 7 : 22 20)히 5 : 4-5 21)요 5 : 22, 27, 마 28 : 18, 행 2 : 36

요지
(1) 하나님은 그의 독생자 예수 그리스도를 하나님과 사람 사이의 중

보자로 삼으셨다.

(2) 그리스도는 동정녀 마리아에게 성령으로 잉태되어 탄생하셨기에 전혀 죄가 없으신 분으로서 참 하나님이요 참 사람이시다.

(3) 예수 그리스도께서는 이 중보자의 직분을 성부 하나님으로부터 위임받은 것이며 그 직분을 수행할 수 있는 충분한 능력과 권세를 또한 부여받으셨다.

도움말

예수 그리스도께서는 그의 중보직분을 만왕의 왕, 대선지자, 대제사장직을 수행함으로써 이루어 나가신다. 그의 왕직은 교회와 그의 백성을 성령과 말씀으로 통치하시는 영적인 직분이다. 그의 선지직은 하나님을 대표해서 그의 백성에게 하나님의 의지(뜻)를 계시하시는 직분이다. 또한 그의 제사직은 백성을 대표해서 하나님께 중보기도 드리며 자기를 단번에 희생 제물로 드려서 하나님의 공의를 만족케 하신 직분이다.

성경공부

1. 하나님과 사람 사이의 유일한 중보자는 누구이신가요? (딤전 2 : 5)

_____

2. 예수 그리스도는 본래 누구이십니까? (요일 5 : 20 ; 롬 9 : 5)

_____

반면에, 그는 자신에게 대하여 어떤 칭호를 사용하고 계십니까? (요 8 : 40)

_____

3. 예수 그리스도께서 범사에 우리 인간들과 같이 되신 근본 목적은? (히 2:17)

_____

_____

  그럼에도 불구하고 우리 인간들과 특이하게 다른점 한 가지는? (히 4:15)

_____

4. 하나님께서 그의 아들 예수님을 여자(마리아)에게서 나게 하시고 율법아래 나게 하신 목적은? (갈 4:4-5)

_____

5. 예수 그리스도는 어느 제사장 반열(반차)에 속합니까? (히 5:10, 6:20)

_____

6. 예수께서 장차 천하를 공의로 심판하실 충분한 자격과 근거는 무엇으로 입증되었읍니까? (행 17:31)

_____

적용

(1) 시험 중에 빠진 성도가 능히 은혜의 보좌 앞에 담대히 나아가 그 돕는 은혜를 힘입을 수 있는 타당한 근거는 무엇인가요? (히 2:17-18, 4:15-16)

_____

_____

(2) 대제사장직(또는 성직)은 아무나 스스로 선택할 성질의 것인가요? (히 5:4-6)

_____

제18과   그리스도의 비하(卑下)와 승귀(昇貴)

요절   빌립보서 2 : 5—11
본문/제 8 장   중보자 그리스도 4—5

> **4.** 이 직분을 주 예수께서는 아주 기꺼이 떠맡으셨으며[1] 그리고 이 직분을 이행할 수 있기 위하여 그는 율법 아래 태어나셨고[2] 율법을 온전히 성취하셨으며[3] 가장 괴로운 고뇌들을 직접 그의 영혼이 겪으셨으며[4] 그의 몸이 가장 아픈 고통들을 당하셨고[5] 십자가에 못 박혀 죽으시고[6] 장사되어 사망의 권세 아래 있었으나 결코 썩지 않으셨다[7]. 사흘만에 그는 죽은 자 가운데서 다시 살아나셨으되[8] 그가 고통당하셨던 바로 그 몸을 가지고 살아나셨으며[9] 그 몸을 가지고 또한 하늘에 오르셨으며 거기서 그의 아버지의 우편에 앉으셔서[10] 대언(중보기도)하시고[11] 세상 끝 날에 사람들과 천사들을 심판하기 위하여 다시 오실 것이다[12].

참조성구
1)시 40 : 7—8, 히 10 : 5—10, 요 10 : 18, 빌 2 : 8 2)갈 4 : 4 3)마 3 : 15, 5 : 17 4)마 26 : 37—38, 눅 22 : 44, 마 27 : 46 5)마 26장, 27장 6) 빌 2 : 8 7)행 2 : 23—24, 27, 행 13 : 37, 롬 6 : 9 8)고전 15 : 3—5 9) 요 20 : 25—27 10)막 16 : 19 11)롬 8 : 34, 히 9 : 24, 7 : 25 12)롬 14 : 9—10, 행 1 : 11, 10 : 42, 마 13 : 40—42, 유 6, 벧후 2 : 4

> **5.** 주 예수는 완전하게 순종하시고 그가 영원하신 성령을 통하여 하나님께 단번에 자신을 제물로 드리심으로써 그의 아버지의 공의를 충분하게 만족시키셨으며[13] 성부께서 그

> 에게 주신 모든 자들을 위하여 화목케 하실 권한뿐만 아니라
> 하늘나라의 영원한 기업을 또한 획득하셨다[14].

참조성구

13) 롬 5 : 19, 히 9 : 14, 16, 10 : 14, 엡 5 : 2, 롬 3 : 25−26 14) 단 9 : 24,
26, 골 1 : 19−20, 엡 1 : 11, 14, 요 17 : 2, 히 9 : 12, 15

요지

(1) 예수 그리스도께서는 중보직분을 자원하여 떠맡으셨다.

(2) 그는 이 중보직분을 비하와 승귀의 신분으로 수행해 나가신다.

(3) 그리스도의 완전한 순종과 십자가의 희생제물되심으로 하나님 아
  버지의 공의가 완전히 충족되었으며 이로 인해 그를 믿는 신자는
  하나님과 화목케 되고 영원한 기업(천국)을 얻게 되었다.

도움말

  비하(卑下)의 신분이란 우주의 주권적 통치자이신 그리스도
가 자신의 신적 위엄을 포기하시고 종의 형체로 인성(人性)을
취하셨다는 사실 그리고 최고의 율법 수여자이신 그가 율법의
요구와 저주 아래 있게 되었다는 것을 말한다. 그의 탄생, 수
난, 죽음, 장사 등이 여기에 포함된다. 반면에 승귀(昇貴)의 신
분이란 그리스도가 언약의 의무로서의 율법의 지배로부터 벗어
나 죄에 대한 형벌의 대가를 지불하시고 죄인들을 위하여 의와
영생의 공로를 세우셔서 현재 하나님의 완전한 사랑과 선하신
기쁨에 참여하여 이에 합당한 존귀와 영광의 자리에 오르게 된
것을 의미한다. 이에는 그의 부활, 승천, 하나님의 우편에 앉으
심, 유형적 귀환(재림) 등이 포함된다.

성경공부

1. '예수'란 이름의 뜻은 무엇입니까 ? (마 1 : 21)

2. 그리스도를 믿는 성도의 구원이 확고 부동한 근거는? (히 7 : 24 − 25)

3. 성부 하나님께서는 제사나 예물보다 무엇을 더 원하십니까? (히 10 : 5 − 7, 10)

4. 그리스도는 어느 정도에까지 낮아지셨읍니까? (빌 2 : 8)

5. 그리스도께서 십자가의 희생제물되심으로 인해 우리에게 어떤 유익(효과)이 있읍니까? (히 9 : 14)

6. 승천하신 예수 그리스도께서는 지금 어디에 계시며 무엇을 하고 계실까요? (롬 8 : 34)

7. 하나님 아버지께서는 누구에게 영생을 주십니까? (요 17 : 2)

8. 하나님과 화목케 되는 비결은 무엇인가요? (골 1 : 19 − 20)

적용

(1) 그리스도의 십자가에 죽으심과 다시 사심은 실제적으로는 누구의 계명이었을까요? (요 10 : 18)

그러면 그 근본 목적은 무엇인가요? (롬 14 : 7 − 9)

(2) 그리스도께서 죽은 후에 다시 사실 것을 예언한 구약 성구를 적
  어보십시오 (행 2 : 23—32 참조)

_____

_____

제19과 구속사역의 효과적인 적용

요절 히브리서 9 : 14

본문／제8장 중보자 그리스도 6-8

> **6.** 구속사역은 그리스도께서 성육신하신 후에야 비로소 그로 말미암아 실제적으로 성취되었다. 그렇지만 그 구속사역의 혜택, 효능과 유익은 창세로부터 계속적으로 모든 세대의 피택자들에게 전달되었는데 그리스도께서 뱀의 머리를 상하게 할 여자의 후손이요 어제나 오늘이나 영원토록 동일하시되 창세로부터 죽임을 당하신 어린 양으로 계시되고 예표되었던 약속들과 모형들과 희생 제물들을 통해서 전달되었다[1].

참조성구
1)갈 4 : 4-5, 창 3 : 15, 계 13 : 8, 히 13 : 8

> **7.** 그리스도께서는 중보사역에 있어서 그의 두 본성들을 따라서 행하시되 각 본성은 그 본성 고유의 성격에 타당하게 행하셨다[2]. 그렇지만 그리스도의 격위의 통일성으로 인하여 한 본성에 본래 속한 것이 때로는 성경에서 다른 본성을 따라 호칭되어 있는 격위에 소속되어져 있음(돌려져 있음)을 볼 수 있다[3].

참조성구
2)히 9 : 14, 벧전 3 : 18 3)행 20 : 28, 요 3 : 13, 요일 3 : 16

8. 그리스도께서 위하여 구속을 획득해 놓은 모든 사람들에게 그는 확실하고 효과적으로 바로 그 구속을 적용하시고 전달해 주시며[4] 또한 그는 그들을 위하여 대언(중보기도)하시고[5] 말씀으로 그리고 말씀에 의하여 그들에게 구원의 비밀들을 계시하시고[6] 그의 성령에 의하여 효과적으로 그들을 설복(설득)하여 믿고 순종케 하며 그들의 심령을 그의 말씀과 성령으로 다스리시고[7] 그들의 모든 원수들을 그의 전능하신 능력과 지혜로 정복하시되 그 기이하고 측량할 수 없는 섭리에 가장 부합되는 방법과 태도로 하신다[8].

참조성구

4)요 6 : 37, 39, 10 : 15−16 5)요일 2 : 1−2, 롬 8 : 34 6)요 15 : 13, 15, 엡 1 : 7−9, 요 17 : 6 7)요 14 : 16, 히 12 : 2, 고후 4 : 13, 롬 8 : 9, 14, 15 : 18−19, 요 17 : 17 8)시 110 : 1, 고전 15 : 25−26, 말 4 : 2−3, 골 2 : 15

요지

(1) 그리스도의 구속사역은 성육신 이후에 비로소 모든 세대의 전 피택자에게 적용되어진다.

(2) 그리스도의 중보사역은 그의 인성과 신성 두 가지 본성에 따라 실행된 것이다.

(3) 그리스도는 말씀과 성령에 의해 그의 구속사역을 가장 효과적으로 수행하신다.

도움말

구약율법은 신약복음 곧 장차 오는 좋은 일의 그림자였다. 즉, 구약시대 성도들은 장차 오실 메시야 그리스도를 믿음으로써, 신약시대 성도들은 이미 오신 메시야 예수 그리스도를 믿음으로써 각각 구원받게 된 것이다. 그러므로 모든 세대에 있어서 하나님의 모든 백성의 구원은 오직 예수 그리스도의 십자가를 통해서만 이루어진다.

성경공부

1. 창 3 : 15의 여인의 후손과 뱀은 각각 누구를 뜻하고 있읍니까?
   1) 여인의 후손 :
   _____
   2) 뱀 :
   _____

2. 그리스도께서 여자에게서 나신 목적은? (갈 4 : 4-5)
   _____

3 그리스도께서 의인으로서 불의한 자를 대신하여 죽으신 이유는 무엇입니까? (벧전 3 : 18)
   _____

4. 적 그리스도의 영의 특징은? (요일 4 : 3)
   _____

5. 예수께서 결코 내어쫓지 아니하시는 사람은 누구일까요? (요 6 : 37)
   _____

6. 그리스도는 언제까지 하나님 보좌 우편에 앉아 계실 것인가요? (시 110 : 1)
   _____

7. 맨 마지막에 멸망받을 원수는? (고전 15 : 25-26)
   _____

적용

(1) 그리스도의 구속사역을 효과적으로 택함받은 자에게 적용하시는 분은 누구이신가요? (고전 2 : 10-12)

_____

(2) 누구에게 그리스도는 구원을 제공하십니까? (마 11 : 28 ; 행 10 : 44)

_____

제 *20* 과   자유의지

요절   요한복음 8 : 34, 36

본문／제 9 장   자유의지 1－5

> **1.** 하나님께서 인간의 의지에 선천적인 자유를 부여하여 주셨으므로 그 의지는 강요당하지도 않으며 어떤 절대적인 필연에 의해서도 선하거나 악하도록 결정되어 있지도 않다[1].

참조성구
1)마 17 : 12, 약 1 : 14, 신 30 : 19

> **2.** 인간은 무죄한 상태에서 하나님 보시기에 선하고 그가 아주 기뻐하시는 것을 원하며 행할 수 있는 자유와 능력을 가지고 있었다. 그렇지만 아직 변하기 쉬워서 인간은 그 상태에서 타락할 수가 있었다[3].

참조성구
2)전 7 : 29, 창 1 : 26 3)창 2 : 16－17, 3 : 6

> **3.** 인간은 타락하여 죄의 상태에 있게 되어서 구원에 뒤따르는 영적인 선을 행할 모든 의지력을 완전히 상실했다[4]. 그러므로 자연인은 영적 선을 아주 싫어하고[5] 죄로 죽어있기 때문에[6] 그 자신의 힘으로는 자신을 회개시키거나 또는 게다가 회개에 이르도록 준비할 수도 없다[7].

참조성구
4)롬 5 : 6, 8 : 7, 요 15 : 5 5)롬 3 : 10, 12 6)엡 2 : 1, 5, 골 2 : 13 7)
요 6 : 44, 65, 엡 2 : 2−5, 고전 2 : 14, 딛 3 : 3−5

4. 하나님께서 죄인을 회개시켜 그를 은혜의 상태로 옮기
실 때 하나님은 그를 본래의 죄의 속박에서 자유케 하신
다[8]. 그리고 오직 하나님의 은혜로만 자유롭게 영적으로 선
한 것을 택하고 행할 수 있게 하신다[9]. 그렇지만 그의 남아
있는 부패성 때문에 선한 것만을 전적으로 행하지 못하고
악한 것도 또한 행하고자 한다[10].

참조성구
8)골 1 : 13, 요 8 : 34, 36 9)빌 2 : 13, 롬 6 : 18, 22 10)갈 5 : 17, 롬 7 :
15, 18 − 19, 21

5. 인간의 의지는 오직 영광의 상태에서만 완전히 그리고
변함없이 자유롭게 선만을 행할 수가 있게 된다[11].

참조성구
11)엡 4 : 13, 히 12 : 23, 요일 3 : 2, 유 24

요지
(1) 인간은 나면서부터 자유의지를 소유하고 있다.
(2) 인류의 전적 타락과 부패로 인해 선을 행할 의지를 상실했을 뿐
만 아니라 회개할 수도 없게 되었다.
(3) 하나님의 은혜로 죄의 속박에서 자유케 되었으나 오직 영광의 상
태에서만 완전한 선행이 가능할 뿐이다.

도움말
자유란 육체적인 면과 물질적인 면과 정서적인 면 등 모든 방
면에서 노예상태나 지배상태에 있지 않는 것을 의미한다. 그러

므로 '자유의지'란 인간의 의지가 강요당하지 않는 것을 뜻한다.
즉, 자기가 원하지 않는 어떤 것을 행하도록 자신보다 더 큰 어
떤 외부의 힘에 의해 강요당하지 않는다는 말이다. 그것은 어떠
한 외부적 영향없이 인간 스스로가 구원이나 선을 선택할 수 있
다는 능력이다.

성경공부

1. 누가 죄의 종인가요? (요 8 : 34)

    _____

    그러면 죄에서 자유케 되는 비결은 무엇입니까? (요 8 : 32,
    36)

    _____

2. 악에 익숙한 타락한 인간은 결코 무엇을 행할 수가 없나요?
   (렘 13 : 23)

    _____

3. 그러므로 진정한 회심의 요소는? (딛 3 : 5-8)

    _____

4. 참된 자유자의 바른 태도는 어떠해야 할까요? (갈 5 : 13
   하)

    _____

5. 그리스도인이 자유를 행사할 때 반드시 고려할 사항은? (고
   전 10 : 29)

    _____

6. 죄에서 완전히 해방되는 비결은? (롬 6 : 12-14)

    _____

7. 그리스도인은 언제 영광의 자유에 이르게 될까요 ? (롬 8 : 19−21)

_____

적용

(1) 인간이 타락하기 이전과 이후의 자유의지에 대해서 언급하여 보십시오.

_____

(2) 이에 대한 성경적인 근거를 제시해 보십시오.

_____

_____

제*21*과 유효한 부르심

요절 데살로니가후서 2 : 13−14, 사도행전 2 : 38−39

본문／제 10 장 유효한 부르심 1−4

1. 하나님께서 생명에 이르도록 예정하신 모든 사람들, 오직 그들만을 하나님은 그가 정하시고 받아들이시는 적당한 때에 하나님의 말씀과 성령으로[1] 효과적으로 부르시기를 기뻐하셨다[2]. 이 부르심은 그들이 날 때부터 처해 있던 죄와 사망의 상태로부터 불러내어 예수 그리스도로 말미암아 은혜와 구원에로 인도한다[3]. 또한 그들의 마음을 영적으로 깨닫게 하고 하나님의 일들을 구원론적으로 이해케 한다[4]. 그들의 돌같은 마음을 제하시며 살같이 부드러운 마음을 주시며[5] 그들의 의지를 새롭게 하시고 그의 전능하신 능력으로 선한 일들을 결심케 하시어서[6] 효과적으로 그들을 예수 그리스도께로 이끄신다[7]. 그렇지만 그의 은혜로 말미암아 기꺼이 나아오게 하심으로써 그들은 가장 자유롭게 나아오게 되는 것이다[8].

참조성구

1)살후 2 : 13−14, 고후 3 : 3, 6 2)롬 8 : 30, 11 : 7−8, 엡 1 : 10−11 3) 롬 8 : 2−9, 엡 2 : 1−9, 딤후 1 : 9−10 4)행 26 : 18, 고전 2 : 10, 12, 엡 1 : 17−18 5)겔 36 : 26 6)겔 11 : 19, 빌 2 : 13, 신 30 : 6, 겔 36 : 27 7)엡 1 : 19, 요 6 : 44−45 8)아 1 : 4, 시 110 : 3, 요 6 : 37, 롬 6 : 16−18

2. 이 유효한 부르심은 하나님의 값없는 특별한 은혜로만 되어지는 것이지 사람 안에 있는 어떤 것을 하나님이 미리

보시고서 하시는 일이 결코 아니다[9]. 그 점에 있어서 인간은 전혀 수동적이나 성령에 의해서 소생되고 새롭게 된 연후에는[10] 이 부르심에 응할 수 있게 되며 또한 이 부르심 안에서 제공되고 전달된 은혜를 받아들이게 된다[11].

참조성구

9)딤후 1 : 9, 딛 3 : 4−5, 엡 2 : 4−5, 8−9, 롬 9 : 11   10)고전 2 : 14, 롬 8 : 7, 엡 2 : 5   11)요 6 : 37, 겔 36 : 27, 요 5 : 25

3. 유아기에 죽는 택함받은 영아들은 성령을 통하여 그리스도로 말미암아 중생하고 구원받는다[12]. 성령께서는 그가 기뻐하시는 때에 기뻐하시는 곳에서 기뻐하시는 방법대로 임의로 역사하신다[13]. 또한 말씀의 전도에 의하여 외적으로 부르심을 받지 못한 다른 모든 택함받은 자들의 경우도 마찬가지이다[14].

참조성구

12)눅 18 : 16, 행 : 2 : 38−39, 요 3 : 3, 5, 요일 5 : 12, 롬 8 : 9   13)요 3 : 8   14)요일 5 : 12, 행 4 : 12

4. 그 외에 다른 택함받지 못한 사람들은 비록 그들이 말씀의 전도로 부르심을 받고[15] 성령의 어떤 일반적인 역사들을 체험한다 할지라도[16] 그들은 절대로 그리스도께 진실로 나아올 수가 없다. 그러므로 그들은 구원받을 수 없다[17]. 하물며 기독교 신앙을 고백하지 않는 사람들은 그 어떤 다른 방법으로도 구원받을 수 없다. 그들은 본성의 빛과 그들이 신봉하는 종교의 계율에 따라서 그들의 생활을 매우 열심히 꾸려 나가더라도 구원받지 못한다[18]. 그리고 그들이

구원받을 수 있을지도 모른다고 단언하고 주장하는 것은 대
단히 해로운 일이며 몹시도 가증스러운 일이다[19].

참조성구

15) 마 22 : 14 16) 마 7 : 22, 13 : 20−21, 히 6 : 4−5 17) 요 6 : 64−66,
8 : 24 18) 행 4 : 12, 요 14 : 6, 엡 2 : 12, 요 4 : 22, 17 : 3 19) 요이 9−
11, 고전 16 : 22, 고전 1 : 6−8

요지

(1) 하나님께서는 피택자 전부를 그의 말씀과 성령으로 가장 효과적
으로 부르시며 이 부르심은 하나님의 값없는 은혜의 산물이다.
(2) 영아나 성인을 막론하고 모든 피택자들은 성령을 통하여 그리스
도로 말미암아 중생하고 구원받는다.
(3) 유기자들은 외형적으로 말씀의 전도를 받는다 해도 진실로 그리
스도께 나아올 수 없으므로 구원받을 수가 없다.

도움말

유효한 부르심이란 하나님의 영이 하시는 일이니, 우리의 죄
와 비참을 깨닫게 하시고 또한 우리의 마음을 밝혀 그리스도를
알게 하시고 우리의 의지를 새롭게 하시며 우리를 권하사 능히
복음 중에 값없이 주시는 예수 그리스도를 믿도록 하시는 것이
다.

성경공부

1. 하나님은 누구를 부르시고 계신가요? (롬 8 : 30)

어떻게 부르시고 계십니까? (살후 2 : 13−14)

2. 하나님께서 그 믿는 자들을 구원하시기 위해서 택하신 방편은? (고전 1 : 21)

_____

그렇다면 전도란 누구의 음성이요 말씀인가요? (딛 1 : 3 ; 히 1 : 2 상)

_____

3. 하나님의 부르심의 또 다른 방편은? (갈 1 : 6, 15)

_____

4. 하나님의 부르심의 특색은 무엇인가요? (딤후 1 : 9 ; 롬 11 : 29)

1)_____
2)_____
3)_____

5. 성령의 약속은 성인들에게만 유효한가요? (행 2 : 38 − 39)

_____

하나님의 나라를 누구도 소유할 수가 있읍니까? (눅 18 : 15 − 16)

_____

6. 하나님의 말씀을 깨닫고 청종하기 위해서 먼저 요청되는 것은 무엇일까요? (눅 24 : 45 ; 행 16 : 14)

_____

7. 하나님의 부르심에 효과적으로 응할 수 있는 사람은 어떠한 사람인가요? (행 13 : 48)

_____

적용

(1) 유효한 부르심은 구원론에 있어서 어떤 위치를 점유(차지)하고 있나요?

_____

(2) 하나님의 부르심의 목적들은 무엇인가요? (제시된 성구를 참조하십시오)

　1) (고전 1 : 9) _____

　2) (살전 4 : 7) _____

　3) (벧전 2 : 21) _____

제22과 칭의의 의미, 근거, 방편

요절 고린도후서 5 : 21, 로마서 3 : 21-22

본문/제 11 장 칭의 1-6

> **1.** 하나님께서 효과적으로 부르신 자들을 그는 또한 값없이 의롭다고 칭하신다[1]. 이 칭의는 의를 그들에게 주입해 줌으로써가 아니라 그들의 죄들을 용서하시고 그들의 인격을 의로운 것으로 간주하여 용납해 주심으로써 되는 것이다. 또한 그들 안에서 이루어진 어떤 것이나 또는 그들에 의해서 되어진 어떤 것 때문이 아니라 오직 그리스도의 공로 때문이며 그들에게 믿음 자체, 믿는 행위 또는 다른 어떤 복음적인 순종을 그들의 의로 돌림으로써가 아니라 다만 그리스도의 순종과 속상(贖償)을 그들에게 전가함으로써[2] 부르심을 입은 그들은 그리스도와 그의 의를 믿음으로 받아들이고 의존할 때 의롭다 함을 받는 것이다. 이 믿음은 그들 자신에게서 나온 것이 아니고 하나님이 주시는 선물이다[3].

참조성구

1) 롬 8 : 30, 3 : 24 2) 롬 4 : 5-8, 고후 5 : 19, 21, 롬 3 : 22, 24-25, 27-28, 딛 3 : 5, 7, 엡 1 : 7, 렘 23 : 6, 고전 1 : 30-31, 롬 5 : 17-19 3) 행 10 : 44, 갈 2 : 16 : 빌 3 : 9, 행 13 : 38-39, 엡 2 : 7-8

> **2.** 이같이 그리스도와 그의 의를 받아들이고 의존할 때 믿음은 칭의의 유일한 방편인 것이다[4]. 그렇지만 믿음은 의롭다 함을 받은 사람 안에서 단독으로 있는 것이 아니라 언

제나 모든 다른 구원의 은혜들을 수반하고 있는 것이며 그
것은 죽은 믿음이 아니라 사랑으로써 역사하는 믿음이다[5].

참조성구
4)요 1 : 12, 롬 3 : 28, 5 : 1   5)약 2 : 17, 22, 26, 갈 5 : 6

3. 그리스도께서는 그가 순종하시고 죽으심으로 말미암
아 이같이 의롭다 함을 받는 모든 사람들의 빚을 완전하게
갚아 주셨고 그들을 위하여 자기 아버지의 공의에 합당하고
참되고 충분한 속죄를 치르셨다[6]. 그렇지만 그들을 위하여
그리스도께서 아버지로 말미암아 보내심을 받으셨고[7] 그들
대신으로 그의 순종과 속상이 받아들여졌으며[8] 또한 이 모
든 것이 그들 안에 있는 어떤 것 때문이 아니라 값없이 되
어진 것이기 때문에 그들의 칭의는 오직 값없는 은혜로 되
어진 것이다[9]. 이는 하나님의 엄격한 공의와 그의 풍성한
은혜가 죄인들을 의롭다고 하시는 가운데서 영광을 받으시
게 함이다[10].

참조성구
6)롬 5 : 8, 10, 19, 딤전 2 : 5-6, 히 10 : 10, 14, 단 9 : 24, 26, 사 53 : 4-
6, 10-12   7)롬 8 : 32   8)고후 5 : 21, 마 3 : 17, 엡 5 : 2   9)롬 3 : 24,
엡 1 : 7   10)롬 3 : 26, 엡 2 : 7

4. 하나님께서는 영원 전부터 택함받은 모든 사람들을 의
롭다 하시려고 작정하셨다[11]. 그리고 그리스도께서는 때가
되어 그들의 죄를 위하여 죽으시고 그들의 의롭다 함을 위
하여 다시 살아나셨다[12]. 그렇지만 그들이 의롭다 함을 받
는 것은 성령께서 때가 오면 그리스도를 실제로 그들에게
적용시키실 때에 비로소 가능하다[13].

참조성구

11)갈 3 : 8, 벧전 1 : 2, 19−20, 롬 8 : 30 12)갈 4 : 4, 딤전 2 : 6, 롬 4 : 25 13)골 1 : 21−22, 갈 2 : 16, 딛 3 : 4−7

> **5.** 하나님께서는 의롭다 함을 받는 자들의 죄들을 계속하여 용서해 주신다[14]. 그리고 그들은 그 칭의의 상태에서 결코 전락될 수는 없지만[16] 그들의 죄들로 말미암아 하나님 아버지의 진노(父性的인 怒)를 사게 되며 그들이 자신들을 낮추어 그들의 죄들을 고백하고 용서를 구하여 그들의 믿음과 회개를 새롭게 하기 전에는 그들을 향하신 하나님의 얼굴의 도우심(원조)을 받지 못하게 된다[17].

참조성구

14)마 6 : 12, 요일 1 : 7, 9, 2 : 1−2 15)눅 22 : 32, 요 10 : 28, 히 10 : 24 16)시 89 : 31−33, 51 : 7−12, 32 : 5, 마 26 : 75, 고전 11 : 30−32, 눅 1 : 20

> **6.** 구약시대 신자들의 칭의는 모든 면에서 신약시대 신자들의 칭의와 동일하다[17].

참조성구

17)갈 3 : 9, 13−14, 롬 4 : 22−24, 히 13 : 8

요지

(1) 칭의 곧, 그리스도와 그의 의를 받아들이는 유일한 방편은 오직 믿음뿐이다.

(2) 칭의의 근거는 그리스도의 순종과 그의 죽으심이다.

(3) 성령께서 피택자들에게 복음을 실제적으로 적용시키실 때라야 칭의는 가능한 일이다.

도움말

칭의란 하나님이 거저 주시는 은혜의 행위로서 그가 우리의

모든 죄를 용서해 주시고 자기 앞에서 우리를 옳게 여겨 받아주
시는 것인데 이는 다만 그리스도의 의를 우리에게 돌려주시고
우리는 오직 믿음으로 그 의를 받게 되는 것이다. 의롭다 하심
이란 한 마디로 하나님께서 예수 그리스도의 완전한 의를 근거
로 하여 죄인을 의롭다고 선언하시는 하나님의 법정적인 행위이
시다.

성경공부

1. 하나님은 누구를 통하여 자신과 우리를 화목시키실까요?
   (고후 5 : 18 ; 골 1 : 19-20)

   _____

2. 예수 그리스도는 이전(과거)에 한번이라도 죄를 지은 적이
   있을까요? (요일 3 : 5 ; 고후 5 : 21)

3. 우리 죄에 무슨 일이 생겼나요? (사 53 : 6 ; 고후 5 : 19-
   21)

4. 반면에 하나님께서는 우리에게 무엇을 주십니까? (고후 5 :
   21 ; 롬 3 : 21-22)

   _____

   어떻게 그것이 우리의 소유가 될 수 있나요? (롬 3 : 22, 26,
   28, 4 : 5, 24)

   _____

5. 그렇다면 칭의의 유일한 근거는 무엇인가요? (롬 5 : 8)

   _____

6. 누가 우리를 의롭다고 선언하고 계신가요 ? (롬 8 : 33)

  _____

  칭의의 결과는 무엇입니까 ? (딛 3 : 6 - 7)

  _____

7. 칭의의 비결이나 방법은 신 · 구약이 어떤 차이점을 갖고 있
   읍니까 ? (갈 3 : 8 - 9 ; 롬 4 : 9 - 11)

  _____

적용

(1) 하나님께서 예수 그리스도를 화목제물로 삼으신 이중적인 목적
   은 ? (롬 3 : 25 - 26)

  1) _____

  2) _____

(2) 그리스도의 죽으심과 부활하심이 우리에게 끼쳐주는 실제적인 의
   미와 유익은 ? (롬 4 : 25)

  1) 십자가 : _____

  2) 부활 : _____

제*23*과 양 자

요절 요한복음 1 :12, 로마서 8 : 15 — 16
본문/제 12 장 양자 1

> **1.** 의롭다 하심을 받은 모든 사람들을 하나님께서는 그의 독생자 예수 그리스도 안에서 양자(養子)의 은혜에 참여하는 자들이 되도록 허용하셨다[1]. 이로 말미암아 그들은 하나님의 자녀의 수에 들어가게 되며 하나님의 자녀의 자유와 특권을 누리게 된다[2]. 또한 그들은 하나님의 이름으로 일컬음을 받게 되고[3], 양자의 영을 받으며[4], 담대히 은혜의 보좌 앞에 나아가며[5], 하나님을 아바 아버지라고 부를 수가 있다[6]. 그들은 불쌍히 여김을 받으며[7], 보호를 받고[8] 필요한 것을 공급받으며[9] 육신의 아버지에게 징계를 받는 것처럼 징계를 받기도 한다[10]. 그렇지만 결코 내어버림을 받지 않고[11] 구속의 날까지 인치심을 받아[12] 영원한 구원의 상속자로서[13] 약속들을 기업으로 받는다[14].

참조성구
1)엡 1 : 5, 갈 4 : 4 — 5 2)롬 8 : 17, 요 1 : 12 3)렘 14 : 9, 고후 6 : 18, 계 3 : 12 4)롬 8 : 15 5)엡 3 : 12, 롬 5 : 2 6)갈 4 : 6 7)시 103 : 8, 13, 8)잠 14 : 26 9)마 6 : 30, 32, 벧전 5 : 7 10)히 12 : 6 11)애 3 : 31 12)엡 4 : 30 13)벧전 1 : 3 — 4, 히 1 : 14 14)히 6 : 12

요지
(1) 하나님께서 양자 삼으심(수양의 은혜)으로 인해 그리스도인은 명실공히 하나님의 자녀의 특권과 혜택을 누린다.
(2) 때때로 징계를 받기도 하지만 결코 유기(내버려 둠)되지는 않으며 마침내 영원한 구원의 상속자가 되고야 만다.

도움말

'양자 삼으심'이란 외계의 세속적인 가족으로부터 하나님 자신의 가족으로 옮기는 행위이다. 즉, 본질상 진노의 자녀요, 사단의 자녀이었던 자들이 이제는 빛의 자녀요 하나님의 자녀가 되는 것을 뜻한다.

성경공부

1. 하나님의 자녀가 되는 비결은 무엇입니까? (요 1 : 12)

   _____

   이 은총은 보다 근본적으로 누구로 말미암은 것인가요? (엡 1 : 5)

   _____

2. 우리가 하나님의 자녀라 일컬음을 받게 된 유일한 동기나 요인은? (요일 3 : 1)

   _____

3. 양자의 영(하나님의 아들의 영)은 누구에게 주어집니까? (갈 4 : 6)

   _____

   이 양자의 영을 받은 결과는 무엇입니까? (롬 8 : 15)

   _____

4. 우리가 하나님의 자녀됨을 누가 증거하여 주실까요? (롬 8 : 16)

   _____

5. 때때로 신자가 범죄할 때마다 하나님께서는 어떻게 대우하시게 됩니까? (히 12 : 5-8)

   _____

이에 대한 양자된 신자의 바른 태도는 어떠해야 할까요?
(히 12 : 9 — 10)

_____

6. 하나님 아버지께서는 양자된 신자를 영원토록 내어 버려두실
   까요? 즉, 영원히 다투시며 진노하실까요? (애 3 : 31 ; 사
   57 : 16)

_____

7. 결국 하나님의 자녀의 구원은 어떻게 확실하게 보장(보증)되
   고 있읍니까? (엡 1 : 13 — 14, 4 : 30 ; 고후 1 : 21 — 22)

_____

적용

(1) 당신이 하나님의 아들, 양자됨을 확실히 깨달아 알 수 있는 근거
    (요인)는 무엇입니까? (갈 4 : 6 ; 롬 8 : 15 — 16 ; 고후 1 : 21 —
    22 참조)

_____

(2) 하나님의 아들 독생자 예수 그리스도와 양자된 신자(하나님의 아
    들, 자녀)의 차이점은 무엇인가요?

  1) 그리스도 : _____

   _____

  2) 신자 : _____

   _____

제24과 성 화(聖化)

요절 베드로전서 1 : 14-16
본문/제 13 장 성화 1-3

> **1.** 효과적으로 부르심을 받고 중생하여 그들 안에 새 마음과 새 영을 창조함 받은 자들은 그리스도의 죽음과 부활의 공로를 통하여[1] 그의 말씀과 그들 안에 거하시는 성령으로 말미암아[2] 실제적으로 그리고 직접 성화된다. 온 몸을 주관하는 죄의 권세가 파괴되고[3] 죄의 몸으로 인한 여러가지 정욕들이 점점 더 약해지고 억제(극복)되어진다[4]. 그리고 그들은 점차 모든 구원하는 은혜 안에서 소생되어 (되살아 나서) 강건케 되며[5] 참된 거룩한 생활을 하게 된다. 이러한 거룩한 생활이 없이는 아무도 주님을 보지 못할 것이다[6].

참조성구
1)고전 6 : 11, 행 20 : 32, 빌 3 : 10, 롬 6 : 5-6 2)요 17 : 17, 엡 5 : 26, 살후 2 : 13 3)롬 6 : 6, 14 4)갈 5 : 24, 롬 8 : 13 5)골 1 : 11, 엡 3 : 16-19 6)고후 7 : 1, 히 12 : 14

> **2.** 이 성화는 전 인격적으로 이루어지는 것이지만[7] 이 세상에서는 완전치 못하다. 모든 부분에 얼마간의 부패의 잔재들이 여전히 남아 있으며[8] 그로 인하여 계속적이고 화해될 수 없는 싸움이 일어나 육체의 소욕은 성령을 거스리고 성령의 소욕은 육체를 거스린다[9].

참조성구
7)살전 5 : 23 8)요일 1 : 10 ; 롬 7 : 18, 23 ; 빌 3 : 12 9)갈 5 : 17 : 벧전 2 : 11

---

3. 이 전쟁에서 그 남아있는 부패성(타락성)이 잠시동안 우세하지만[10] 그리스도의 성결케 하는 영으로부터 계속적으로 힘을 공급함으로써 중생한 부분이 결국은 이긴다[11]. 그리하여 성도들은 은혜 안에서 자라나고[12] 하나님을 경외하는 가운데 거룩함을 온전히 이룬다[13].

참조성구
10)롬 7 : 23 11)롬 6 : 11 ; 요일 5 : 4 ; 엡 4 : 15─16 12)벧후 3 : 18 ; 고후 3 : 18 13)고후 7 : 1

요지
(1) 중생한 성도는 점진적으로 죄에 대해서 죽고 의에 대해서 사는 성화가 가능하다.
(2) 완전한 성화는 그 남아있는 부패의 잔재들 때문에 금생에서는 불가능하다.
(3) 그럼에도 불구하고 성도들은 그리스도의 성령의 힘을 계속 공급받음으로써 은혜 안에서 성장하여 거룩함을 온전히 이룰 수가 있다(참된 진보가 가능하다).

도움말
성화란 죄인을 죄의 오염(부패)에서 깨끗하게 하시며, 그의 전 성품(본성 : 本性)을 하나님의 형상으로 갱신(更新)하여 죄인으로 하여금 선한 일을 행할 수 있게 하시는 성령의 은혜롭고 계속적인 사역이다. 즉, 거룩하게 하심은 거저주시는 은혜의 역사로 이로 인해 우리가 하나님의 형상을 좇아 인격이 새로워지

게 되고 점점 죄에 대하여는 능히 죽고 의에 대하여는 능히 살
게 되는 것을 의미한다.

성경공부

1. 우리 옛 사람이 예수와 함께 십자가에 못박힌 결과는 무엇입
   니까 ? (롬 6 : 6-7)

2. 우리 신자가 거룩해지는 두 가지 비결은 ? (요 17 : 17 ; 살후
   2 : 13)

3. 우리가 옛 사람과 그 행위를 능히 벗어버릴 수 있는 그 근거
   는 무엇인가요 ? (골 3 : 9-10)

4. 우리 신자가 반드시 거룩해야만 할 이유는 무엇입니까 ? (레
   11 : 44-45 ; 벧전 1 : 15-16)

5. 재림 때 주님의 얼굴을 보지 못할 자는 누구일까요 ? (히
   12 : 14)

6. 어떠한 사람이라야 자신을 능히 깨끗케 할 수가 있읍니까 ?
   (요일 3 : 2-3)

7. 우리는 언제 주의 형상으로 변화하고 말 것인가요 ? (고후
   3 : 18)

무엇으로 말미암아 그렇게 변모될 것입니까? (고후 3 : 18 하)

_____

적용

(1) 성화의 기본적인 개념은 무엇입니까?

_____

_____

(2) 성화의 소극적인 면과 적극적인 면에 대해서 설명하여 보십시오.

1) 소극적인 면 : _____

_____

2) 적극적인 면 : _____

_____

제25과 구원에 이르는 신앙

요절   사도행전 16 : 31, 히브리서 10 : 39,
베드로전서 1 : 9

본문／제 14 장   구원에 이르는 신앙 1－3

> **1.** 피택자들은 믿음의 은혜로 말미암아 그들의 영혼이 믿어 구원에 이를 수가 있는데[1] 이 믿음의 은사는 그들의 심령 안에서 역사하는 그리스도의 영의 역사이며[2] 통상적으로 말씀의 사역에 의해서 역사한다[3]. 또한 말씀과 더불어 성례의 집행과 기도에 의해서 믿음의 은사는 더욱 증가되고 강화된다[4].

참조성구
1)히 10 : 39   2)고후 4 : 13, 엡 1 : 17－19, 2 : 8   3)롬 10 : 14, 17   4)벧전 2 : 2, 행 20 : 32, 롬 4 : 11, 눅 17 : 5, 롬 1 : 16－17

> **2.** 이 믿음으로 말미암아 그리스도인은 말씀에 계시된 것은 무엇이든지 참된 것으로 믿는데 그 이유는 그 말씀 안에서 말씀하시는 하나님 자신의 권위 때문이다[5]. 신자는 성경에 있는 매 귀절에 따라 구별되게 (여러가지로) 행동하되 명령에는 순종하고[6] 경고에는 떨며[7] 현세와 내세에 대한 하나님의 약속의 말씀은 기꺼이 받아들인다[8]. 그러나 구원에 이르는 신앙의 주요한 행위는 은혜언약의 효력 (덕택)에 의해 칭의와 성화와 영생을 위하여 그리스도만을 받아들이고 영접하고 의존하는 것이다[9].

참조성구

5)요 4 : 42 , 살전 2 : 13 , 요일 5 : 10 , 행 24 : 14 6)롬 16 : 26 7)사 66 :
2 8)히 11 : 13 , 딤전 4 : 8 9)요 1 : 12 , 행 16 : 31 , 갈 2 : 20; 행 15 :11

> **3.** 이 믿음은 정도의 차이가 있어서 약하기도 하고 강하
> 기도 하며[10] 자주 그리고 여러 가지 모양으로 공격을 받아
> 약해질 수도 있지만 결국은 승리를 얻게 된다[11]. 그리고 우
> 리의 믿음의 주요 온전케 하시는 분이신 그리스도로 말미암
> 아[12] 여러가지 모양으로 자라나서 온전한 확신에까지 이르
> 게 된다[13].

참조성구

10)히 5 : 13-14 , 롬 4 : 19-20 , 마 6 : 30, 8 ; 10 11)눅 22 : 31-32 , 엡
6 : 16 , 요일 5 : 4-5 12)히 12 : 2 13)히 6 : 11-12, 10 : 22 , 골 2 : 2

요지

(1) 믿음은 피택자들의 영혼을 구원함에 이르게 한다.

(2) 구원에 이르는 신앙의 핵심적인 요소(내용)는 영생을 위하여 그
리스도만을 받아들이고 영접하고 신뢰하는 것이다.

(3) 우리의 믿음은 그리스도를 통하여 성장하여 온전한 확신에까지
이를 수 있다.

도움말

구원적 신앙이란 성령으로 말미암아 마음속에 일으켜진 바 복
음의 진리에 대한 확신이며, 또한 그리스도 안에서 행하신 하나
님의 약속에 대한 성실한 신뢰이다. 즉, 예수 그리스도를 믿는
것은 구원의 은혜인데 이로 말미암아 복음 중에 우리에게 주신대
로 구원을 얻기 위하여 우리가 예수를 영접하고 그에게만 의지
하는 것을 의미한다.

성경공부

1. 믿음의 결국은 무엇인가요? (히 10 : 39 ; 벧전 1 : 9)

_____

2. 신앙에 대한 성경적인 정의를 진술해 보십시오(히 11 : 1).

_____

3. 참된 믿음에는 반드시 무엇이 수반되어져야 할까요? (약 2 : 22)

_____

4. 하나님의 말씀이 유익되지 못한 경우는? (히 4 : 2)

_____

그러면 하나님의 말씀에 대한 가장 올바른 태도는 어떠해야 할까요? (살전 2 : 13)

5. 예수 그리스도를 믿는다는 것을 다른 말로 표현해 보십시오 (요 1 : 12).

_____

6. 하나님께서는 우리 인간의 선행이나 외모보다 무엇을 보시고 계신가요? (마 8 : 10, 9 : 2)

_____

7. 그러면 누가 영적으로 가장 부요한 자일까요? (약 2 : 5)

_____

적용

(1) 신앙의 종류에 대하여 설명해 보십시오.

1) 역사적 신앙 : _____

2) 이적의 신앙 : _____

3) 일시적 신앙 : _____

4) 구원적 신앙 : _____

⑵ 신앙의 3요소를 진술하여 보십시오.

1) 지적 요소(지식) : _____

2) 감정적 요소(찬동) : _____

3) 결의(決意)적 요소(신뢰) : _____
_____

제*26*과 회개의 성격과 방법

요절 에스겔 18 : 30 , 고린도후서 7 : 10 , 요한일서 1 : 9

본문/제 15 장 생명에 이르는 회개 1−6

> **1.** 생명에 이르는 회개는 복음으로 말미암은 은혜이
> 다[1]. 이 회개의 교리는 그리스도를 믿는 신앙의 교리와 마
> 찬가지로 복음의 모든 사역자들에 의해서 전파되어져야 한
> 다[2].

참조성구

1)슥 12 : 10, 행 11 : 18 2)눅 24 : 47, 막 1 : 15, 행 20 : 21

> **2.** 죄인은 자신의 죄가 위험할 뿐만 아니라 더럽고 가증
> 스러운 것임을 보지 못하고 깨닫지 못하여 하나님의 거룩하
> 신 성품과 그의 의로우신 율법을 거스리다가 회개에 의해서
> 죄를 뉘우치는 자에게 베푸시는 하나님의 긍휼을 깨달아 자
> 신의 죄를 슬퍼하고 미워하게 되어 마침내 그 모든 죄에서
> 방향을 돌이켜 하나님께로 돌아오게 된다[3]. 그리고 하나님
> 의 모든 계명을 좇아서 그와 동행하기로 결심하고 또한 애
> 쓰게 되는 것이다[4].

참조성구

3)겔 18 : 30−31, 36 : 31, 사 30 : 22, 시 51 : 4, 렘 31 : 18−19, 욜 2 :
12−13, 암 5 : 15, 시 119 : 128, 고후 7 : 11 4)시 119 : 6, 59, 106, 눅 1 :
6, 왕하 23 : 35

3. 회개가 죄에 대한 어떠한 배상(속죄)이나 죄사함받음의 어떤 요인으로 신뢰되어져서는 안된다[5]. 죄사함은 하나님께서 그리스도 안에서 값없이 베푸시는 은혜의 행위이다[6]. 그렇지만 회개는 모든 죄인들에게 반드시 필요하기 때문에 아무도 회개함이 없이는 죄사함을 절대로 기대할 수 없다[7].

참조성구

5)겔 36 : 31−32, 16 : 61−63 6)호 14 : 2, 4, 롬 3 : 2, 4, 엡 1 : 7 7)눅 13 : 3, 5, 행 17 : 30−31

4. 어떠한 죄라도 그것이 너무 작아서 지옥에 빠뜨리지 못할 죄가 없는 것처럼[8] 아무 죄라도 그것이 너무 커서 참으로 회개하는 자들을 지옥에 떨어뜨릴 수는 없다[9].

참조성구

8)롬 6 : 23, 5 : 12, 마 12 : 36 9)사 55 : 7, 롬 8 : 1, 사 1 : 16, 18

5. 사람은 일반적인 회개로 스스로 만족해서는 안되고 도리어 각 사람은 자기의 개별적인 죄를 낱낱이(상세히) 회개하도록 힘쓸 의무가 있다[10].

참조성구

10)시 19 : 13, 눅 19 : 8, 딤전 1 : 13, 15

6. 모든 사람은 하나님께 자기의 죄를 꼭 개인적으로 고백해야 하며 그 죄의 용서를 기도해야 한다[11]. 그렇게 간구하고 그 죄들을 버릴 때 불쌍히 여김을 받게 된다[12]. 그러므로 자기 형제나 그리스도의 교회를 중상한 사람은 사적 또는 공적으로 자기의 죄를 기꺼이 고백하고 애통해야 하며 손

상을 입은 자들에게 자신의 회개를 분명히 밝혀야 한다[13].
그렇게 되면 그들은 그후 즉시 그와 화해하고 그를 사랑으
로 받아들여야 한다[14].

참조성구

11)시 51 : 4-5, 7, 9, 14, 32 : 5-6   12)잠 28 : 13, 요일 1 : 9   13)약 5 :
16, 눅 17 : 3-4, 수 7 : 19, 시 51편   14)고후 2 : 8

요지

(1) 참된 회개는 지, 정, 의(知情意) 3요소를 내포하고 있다. 즉, 자
신이 지은 죄를 깊이 깨닫고, 슬퍼하고, 미워하고, 버리고 하나
님께로 돌이키는 것이 회개이다.

(2) 지극히 작은 죄라도 정죄 당하기에 충분하지만 아무리 큰 죄라도
참으로 회개한다면 능히 용서함(죄사함)을 받게 된다.

(3) 각 사람은 자신의 죄를 하나님께 개인적으로 자백해야 하며 사람
에게 죄를 지었을 경우에는 그 피해 당사자에게 그 죄를 고백해
야만 한다

도움말

회개란 전 인격적인 완전한 변화이다. 즉, 근본적인 변화, 질
적인 변화, 180도 방향 전환이다. 그러므로 참된 회개에는 다음
의 3요소가 반드시 포함되어져야 한다.

(1) 지성적 요소-죄에 대한 견해와 생각의 변화이다. 곧, 과
거의 생활이 죄와 오염과 무능력한 절망의 삶이었음을 인식하는
것이다.

(2) 감정적 요소-죄에 대한 감정의 변화이다. 곧, 거룩하시고
의로우신 하나님께 반역 및 대항하여 범한 죄로 인하여 근심하
거나 슬퍼하는 것이다.

(3) 결의(의지)적 요소-죄에 대한 목적과 의도의 변화이다.

곧, 죄에서 떠나는 내적 전환, 사죄와 정화를 추구하는 성향(性向)이다.

성경공부

1. 죄악으로 인해 패망케 되지 않고 죽지 않는 비결은? (겔 18 : 30-32)

_____

2. 우리의 회개에 대한 하나님의 은총은 무엇인가요?
   1) 사 55 : 6-7
   2) 히 8 : 12

3. 회개함이 없이 죄사함이나 용서함이 가능할까요? (막 1 : 4 ; 눅 24 : 47)

_____

4. 그러면 회개는 인간 행위의 산물인가요 아니면 하나님의 은총의 결과인가요? (슥 12 : 10 ; 행 5 : 31)

_____

5. 자기의 죄를 숨기는 자는 어떻게 될까요? (잠 28 : 13)

_____

6. 하나님 앞에서 우리의 죄를 영원히 숨길 수가 있을까요? 즉, 완전 범죄는 정녕 가능한 일인가요? (민 32 : 23 ; 사 59 : 12)

_____

7. 형제의 죄에 대한 신자의 바른 태도는 어떠해야 합니까? (눅 17 : 3-4 ; 갈 6 : 1 ; 딤후 2 : 25)
   1)_____
   2)_____

적용

① 죄를 실컷 짓고서 나중에 회개하면 되겠지 하는 논리는 왜 모순
   된 견해인지 성경적으로 증명하여 보십시오.

   1) (히 6 : 4—8 ; 계 16 : 9)

   _____

   2) (행 11 : 18, 5 : 31 ; 롬 2 : 4)

   _____

   _____

제27과 선행의 취지─의미와 그 목적

요절 에베소서2 : 10, 디도서 2 : 14

본문／제16장 선행 1─3

> **1.** 선행이란 하나님께서 그의 거룩하신 말씀으로 명령하신 것들만을 가리키며[1] 성경의 보증이 없이, 맹목적인 열심에서 또는 선의(善意)를 가장하여 사람들에 의해 고안해 낸 것들은 선행이 아니다[2].

참조성구
1)미 6 : 8, 롬 12 : 2, 히 13 : 21 2)마 15 : 9, 사 29 : 13, 벧전 1 : 18, 롬 10 : 2, 요 16 : 2, 삼상 15 : 21, 23

> **2.** 이같은 선행들은 하나님의 계명들에 순종하여 되어지는 것이므로 참되고 생동하는 신앙의 열매들이요 증거들이다[3]. 그리고 신자들은 그 선행들에 의해 그들의 감사함을 표하며[4] 그들의 확신을 견고케 하며[5] 그들의 형제들에게 덕을 세우며[6] 복음의 말씀을 빛나게 하며[7] 대적자들의 입을 막으며[8] 하나님께 영광을 돌린다[9]. 저희들은 하나님께서 지으신 바요, 그리스도 예수 안에서 선한 일을 위하여 창조되었다[10]. 또한 거룩함에 이르는 열매를 맺음으로 해서 그 마지막인 영생을 얻게 된다[11].

참조성구
3)약 2 : 18, 22 4)시 116 : 12─13, 벧전 2 : 9 5)요일 2 : 3, 5, 벧후 1 : 5─10 6)고후 9 : 2, 마 5 : 16 7)딛 2 : 5, 9─12, 딤전 6 : 1 8)벧전 2 : 15 9)벧전 2 : 12, 빌 1 : 11, 요 15 : 8 10)엡 2 : 10 11)롬 6 : 22

> **3.** 선행을 행하는 신자들의 능력은 결코 그들 자신들에게
> 서 나오는 것이 아니고 전적으로 그리스도의 영으로부터 나
> 온다[12]. 그리고 그들이 선행을 행할 수 있으려면 그들이 이
> 미 받은 은혜 이외에도 그들 안에서 역사하여 성령의 기쁘
> 신 뜻대로 원하며 행하게 하시는 그 같은 성령의 실제적인
> 감화가 필요하다[13]. 그렇다고 해서 성령의 특별한 역사가
> 없으면 아무런 의무도 실천할 필요가 없는 것으로 오해하여
> 나태에 빠져서는 안된다. 도리어 그들은 그들 안에 있는 하
> 나님의 은사를 불일듯하게 하기 위해 힘써야 한다[14].

참조성구

12) 요 15 : 4-6, 겔 36 : 26-27 13) 빌 2 : 13, 4 : 13, 고후 3 : 5 14) 빌
2 : 12, 히 6 : 11-12, 벧후 1 : 3, 5, 10-11, 사 64 : 7, 딤후 1 : 6, 행 26 :
6-7, 유다 20-21

요지

(1) 참된 선행은 오직 하나님의 말씀의 명령에만 근거를 두고 있다.
(2) 선행의 유익은 감사의 표시, 확신, 건덕, 복음 전파, 대적자의 입
   을 막음, 하나님께 영광을 돌리는 것 등이다.
(3) 선행의 능력은 그리스도의 영이신 성령의 특별하신 역사와 감화
   에 기인한다.

도움말

선행은 오직 새로운 피조물이 된 사람들만이 행할 수가 있다.
이 선행은 이미 하나님의 자녀가 되어 새로운 마음과 새로운 성
품을 받고, 성령께서 그 안에 거하시는 자들에게만 가능한 일이
다. 그러므로 선행은 그리스도인의 생활 규범이요 그 특색이다.

성경공부

1. 무엇이 우리의 의로움이 될 수가 있읍니까? (신 6 : 25)

_____

2. 하나님께서 보시기에 선한 것은 무엇인가요? (미 6 : 8)

_____

3. 선한 양심은 우리를 어떻게 인도할까요? (히 13 : 18)

_____

4. 마 5 : 16에서의 빛은 구체적으로 무엇을 의미하고 있읍니까? (마 5 : 16 중)

_____

5. 예수 그리스도의 구속과 대속의 목적은? (딛 2 : 14 하)

_____

6. 이방인 가운데서 신자가 그 행실을 선하게 가져야 할 이유는? (벧전 2 : 12)

_____

7. 하나님께서 그리스도인을 새로운 피조물로 지으신 목적은?
   (엡 2 : 10)

_____

적용

어떤 행위가 참으로 선한 것이 되는데 필수 불가결한 두 가지 요건은 무엇입니까? (신 6 : 25 ; 히 13 : 18)

1) _____

2) _____

제28과 선행의 성격

요절 이사야 61 : 10, 64 : 5－6, 요한계시록 19 : 7－8

본문／제 16 장 선행 4－7

> **4.** 복종함으로써 금생에서 할 수 있는 가장 높은 수준의 선행에 도달한 사람들일지라도 하나님이 요구하시는 것보다 그 이상의 것을 행하거나 행할 수 있기는 커녕 그들은 그들이 해야 할 의무마저도 다 수행할 수가 없다[1].

참조성구
1) 눅 17 : 10, 느 13 : 22, 욥 9 : 2－3, 갈 5 : 17

> **5.** 우리는 우리의 최선의 행위에 의해서도 하나님의 손에서 죄사함이나 영생을 얻을만한 공로를 세울 수가 없다. 그 이유는 우리의 선행들과 장차 있을 영광 사이에는 너무나도 큰 차이가 있으며 우리와 하나님 사이에도 무한한 거리가 있기 때문이다. 그러기에 우리는 우리의 선행에 의하여 하나님께 유익을 드릴 수도 없고 우리들의 과거 죄들의 빚을 변상할 수도 없다[2]. 다만 우리가 할 수 있는 모든 것을 다 했다고 할지라도 그것은 단지 우리의 의무를 행한 것뿐이요 우리는 무익한 종들이다[3]. 그런데 우리의 행위들이 선한 까닭은 그것들이 하나님의 성령으로 말미암는 데 있다[4]. 그렇지만 그것들은 우리로 말미암아 되어진 것들이기 때문에 많은 연약성과 불완전성으로 더럽혀지고 혼합되어 있어서 하나님의 엄중한 심판을 견디어 낼 수가 없다[5].

참조성구

2)롬 3 : 20, 4 : 2, 4, 6, 엡 2 : 8−9, 딛 3 : 5−7, 롬 8 : 18, 시 16 : 2, 욥 22 : 2−3, 35 : 7−8 3)눅 17 : 10 4)갈 5 : 22−23 5)사 64 : 6, 갈 5 : 17, 롬 7 : 15, 18, 시 143 : 2, 130 : 3

> **6.** 그렇지만 그럼에도 불구하고 신자들의 인격이 그리스도를 통하여 용납되어 있기 때문에 그들의 선행들도 또한 그리스도 안에서 용납되는 것이다⁶⁾. 그러나 그들이 이 세상에서 하나님 보시기에 전혀 흠이 없거나 책망할 것이 없다는 뜻에서가 아니라⁷⁾ 그의 아들 안에 있는 그들을 보시기 때문에 비록 많은 연약성과 불완전성을 수반하고 있을지라도 성실(진실)하게 행한 것에 대해서는 용납하시고 상 주시기를 기뻐하신다는 뜻에서이다⁸⁾.

참조성구

6)엡 1 : 6, 벧전 2 : 5, 출 28 : 38, 창 4 : 4, 히 11 : 4 7)욥 9 : 20, 시 143 : 2 8)히 13 : 20−21, 고후 8 : 12, 히 6 : 10, 마 25 : 21, 23

> **7.** 중생하지 못한 사람들에 의해서 행해지는 행위들은 가령 그 자체로서는 하나님께서 명하신 것들이요 그들 자신에게 뿐만 아니라 다른 사람들에게도 선하고 유익한 것들일지라도⁹⁾ 그것들이 믿음으로써 청결케 된 마음에서 나온 것이 아니고¹⁰⁾ 말씀을 좇아서 올바르게 행해진 것도 아니며¹¹⁾ 하나님의 영광을 목적으로 삼지도 않았기 때문에¹²⁾ 그것들은 죄악스러운 것이며 하나님을 기쁘시게 할 수도 없고 사람으로 하여금 하나님에게서 은혜를 받기에 합당케 할 수도 없다¹³⁾. 그렇지만 그같은 행위들을 그들이 게을리 하게 되면 그만큼 더욱 죄악스러운 것이며 하나님을 불쾌하게 하는 것이 된다¹⁴⁾.

참조성구

9)왕하 10 : 30－31, 왕상 21 : 27, 29, 빌 1 : 15－16, 18 10)창 4 : 5, 히 11 : 4, 6 11)고전 13 : 3, 사 1 : 12 12)마 6 : 2, 5, 16 13)학 2 : 14, 딛 1 : 15, 암 5 : 21－22, 호 1 : 4, 롬 9 : 16, 딛 3 : 5 14)시 14 : 4, 36 : 3, 욥 21 : 14－15, 마 25 : 41－43, 45, 23 : 23

요지

(1) 우리의 가장 최선의 행위일지라도 결코 공로나 공적이 될 수 없다.

(2) 신자들의 선행은 오직 그리스도만을 통하여 인정되고 상급받게 될 뿐이다.

(3) 중생하지 못한 자들의 선행은 형식적이며 피상적(외형적)인 선행에 지나지 않지만 그것마저 게을리하는 것은 그들을 더욱 사악하게 만들 수가 있다.

도움말

선행은 우리 안에서 역사하시는 하나님의 사역의 열매요 그 증거이다. 그것은 기독교인으로서 마땅히 해야 할 의무이지 어떤 상급이나 창찬을 받기 위한 것이 아니다. 구원은 그리스도의 단독 사역인 십자가의 공로를 믿음으로써만 얻어진다(행위와 무관하다). 하지만 심판은 사람이 선하든지 악하든지 간에 그 사람 자신의 행실에 따라 집행되어진다(인격과 무관하다). 그러므로 선행의 동기는 하나님을 향한 사랑과 이웃에 대한 사랑에서 우러나와야 한다.

성경공부

1. 하나님께서는 누구를 구원하여 주시나요? (시 50 : 23 하)

   _____

2. 참된 지혜자는 반드시 어떻게 자신의 지혜를 나타내 보일 수가 있읍니까? (약 3 : 13)

   _____

3. 선행시의 주의 사항이나 고려할 사항은? (갈 6:9-10)

_____

4. 우리 인간이 선행으로 구원받을 수 없는 이유는? (사 64:5-6)

_____

5. 어린 양 예수 그리스도의 신부인 교회(성도들)가 입은 세마포의 의미는? (계 19:7-8)

_____

6. 이사야 61:10을 읽고 다음을 서로 관련된 것끼리 연결해 보십시오.
   1) 구원의 옷   ① 사모, 보물
   2) 의의 겉옷   ② 신랑, 신부

7. 그리스도인의 행동 요령과 원리는?
   1) 목적(고전 10:31)

_____

   2) 방법(골 3:17)

_____

   3) 태도(골 3:23-24)

_____

적용

(1) 성도의 선행이나 착한 행실은 구속의 원인인가요 아니면 그 결과 내지는 목적인가요? (엡 2:8-10; 딛 2:14)

_____

우리 성도들이 이웃을 기쁘게 하는 그 두 가지 목적은? (롬 15:2)

_____

⑵ 불신자들이 선행을 결코 행할 수 없는 이유는? (본문 7 참조)

_____

_____

제29과 성도의 견인

요절 빌립보서 1 : 6, 히브리서 3 : 14

본문/제 17 장 성도의 견인 1-3

> **1.** 하나님께서 자기의 사랑하시는 자(예수 그리스도) 안에서 받아들이시고 그의 성령으로 말미암아 유효적으로 부르시고 또한 거룩하게 하신 자들은 은혜의 상태에서 전적으로 또는 최종적으로도 타락할 수 없다. 그들은 그 상태에서 끝까지 확실히 견인하여 영원히 구원받게 될 것이다[1].

참조 성구

1)빌 1 : 6, 벧후 1 : 10, 요 10 : 28-29, 요일 3 : 9, 벧전 1 : 5, 9

> **2.** 성도들의 견인(궁극적인 구원)은 그들 자신의 자유의지에 의존하는 것이 아니라 하나님 아버지의 자유롭고 불변하신 사랑에서 나오는 선택 작정의 불변성과[2] 예수 그리스도의 공로와 중보의 효력과[3] 성령의 내주와 그들 속에 있는 하나님의 씨[4] 그리고 은혜언약의 본질에 달려 있는 것이다[5]. 이와같은 모든 것에서 견인의 확실성과 무오성이 나오는 것이다[6].

참조성구

2)딤후 2 : 18-19, 렘 31 : 3 3)히 10 : 10, 14, 13 : 20-21, 9 : 12-15, 롬 8 : 33-39, 요 17 : 11, 24, 눅 22 : 32, 히 7 : 25 4)요 14 : 16-17, 요일 2 : 27, 3 : 9 5)렘 32 : 40 6)요 10 : 28, 살후 3 : 3, 요일 2 : 19

> **3.** 그럼에도 불구하고 성도들은 사단과 이 세상의 시험과 그들 안에 남아 있는 부패성의 만연(우세)과 그들을 보존해 주는 방편들을 무시함으로 해서 심각한 죄에 빠질 수 있으며[7] 얼마동안 그 죄 가운데 거하게 된다[8]. 이로 말미암아 그들은 하나님의 분노를 사며[9] 그의 성령을 근심시키며 [10] 그들이 받은 바 은혜와 위로의 얼마를 상실케 되고[11] 그들의 마음이 강퍅해지고[12] 양심이 상하게 되어[13] 다른 사람들을 해롭게 하고 중상하여[14] 그들 자신에게 일시적인 심판을 자초케 한다[15].

참조 성구

7)마 26 : 70, 72, 74 8)시 51 : 4 9)사 64 : 5, 7, 9, 삼하 11 : 27 10)엡 4 : 30 11)시 51 : 8, 10, 12, 계 2 : 4, 아 5 : 2—4, 6 12)사 63 : 17, 막 6 : 52, 16 : 14 13)시 32 : 3—4, 51 : 8 14)삼하 12 : 14 15)시 89 : 31—32, 고전 11 : 32

요지

(1) 참된 신자들은 은혜에서 전적으로 또는 궁극적으로 타락될 수가 없다.

(2) 성도의 견인(궁극적 구원)은 하나님의 선택과 예수 그리스도의 중보 사역과 성령의 내재 등에 의존한다.

(3) 하지만 참된 신자들도 얼마 동안 중한 죄에 빠질 수 있다. 이로 인해 신자는 영적인 큰 손실을 당하게 되며 하나님의 징계(채찍 또는 연단)를 받게 된다.

도움말

성도의 견인이란 성령께서 신자의 마음 속에서 하나님의 은혜의 역사를 시작하고 계속하여 마침내는 그것을 완성케 하시는 성령의 계속적인 사역이다. 다시 말하자면 이 말은 성부 하나님

의 유효적 소명으로 그리스도와 연합되고 성령에 의해서 그리스
도가 내재하시는 그 성도들은 끝까지 견디게 될 것이라는 사실
을 의미한다.

성경 공부

1. 결국 어떠한 자가 반드시 구원을 얻게 될까요? (마 24 : 13)

_____

2. 믿음으로 인한 우리의 구원이 더욱 확실한 이유나 근거는?
   (벧전 1 : 5 ; 요 10 : 28 - 29)

_____

3. 의인이 겨우 구원받게 된다면 악인이나 불경건한 자는 장차
   어떻게 될 것인가요? (벧전 4 : 19 ; 잠 11 : 31 ; 렘 25 : 29)

_____

4. 신자의 구원의 확실성에 대한 또 다른 근거는 무엇입니까?
   (히 7 : 24 - 25)

_____

5. 신자가 지속적으로 또는 습관적으로 계속 범죄 상태에 빠져
   서 완전히 타락할 수가 없는 이유는? (요일 3 : 9)

_____

6. 신자의 범죄로 잃어버리게 되거나 초래케 되는 것들은 무엇
   입니까?
   1) (사 64 : 5)

_____

   2) (삼하 11 : 27)

_____

3) (엡 4 : 30)

_____

4) (시 51 : 12)

_____

5) (히 3 : 13-14)

_____

6) (시 89 : 31-32)

7. 그러므로 신자가 하나님의 나라에 넉넉히 들어가고 언제든지 실족(범죄)치 않으려면 어떻게 행해야 할까요? (벧후 1 : 10-11)

_____

적용

성도의 견인과 예수 그리스도의 중보 기도와의 상관관계를 설명하여 보십시오.

_____

실예(마 26 : 69-75 ; 눅 22 : 31-32, 61-62)

_____

_____

특별 참조성구   히 7 : 24-25

제*30*과 구원의 확신의 획득과 상실

요절 고린도후서 13 : 5, 요한일서 5 : 13, 로마서 8 : 16
본문/제 18 장 은혜와 구원의 확신 1-4

1. 위선자들과 그밖에 다른 중생하지 못한 자들은 하나님의 은총과 구원을 소유하고 있는 줄로 알고서 거짓된 소망과 육신적인 추측으로 자신들을 헛되게 속일 수 있으나[1]그들의 소망은 사라져 버리고 말 것이다[2] 그렇지만 주 예수를 참으로 믿고 진정으로 사랑하여 그 앞에서 모든 선한 양심을 따라 행하려고 애쓰는 사람들은 금생에서 그들이 은혜의 상태에 있음을 반드시 확신할 수 있으며[3] 하나님의 영광 중에서 즐거워할 수가 있다. 이 소망은 그들을 절대로 부끄럽게 하지 않을 것이다[4]

참조 성구
1)욥 8 : 13-14, 미 3 : 11, 신 29 : 19, 요 8 : 41 2)마 7 : 22-23 3)요일 2 : 3, 3 : 14, 18, 21, 24, 5 : 13 4)롬 5 : 2, 5

2. 이 확실성은 속기 쉬운 소망에 근거한 단순한 억측이나 그럴듯한 신념이 아니다[5]. 그것은 진실하신 하나님의 구원의 약속들에 근거한 전혀 틀림이 없는 확신이다[6]. 또한 그것은 이 약속들을 주신 사람들 속에 내재하는 은혜의 증거와[7] 우리가 하나님의 자녀인 것을 우리 영으로 더불어 증거하시는 양자의 영(성령)에[8] 그 기초를 두고 있다. 이 성령은 우리 기업에 대한 보증이시며 우리는 이 성령으로 말미암아 구속의 날까지 인치심을 받았다[9].

참조성구
5)히 6 : 11, 19 6)히 6 : 17−18 7)벧후 1 : 4−5, 10−11, 요일 2 : 3, 3 :
14, 고후 1 : 12 8)롬 8 : 15−16 9)엡 1 : 13−14, 4 : 30, 고후 1 : 21−
22

3. 절대로 틀림이 없는 이 확신은 신앙의 본질에 속하는
것이 아니며 참된 신자라도 오랫동안 기다리고 많은 어려움
을 겪은 연후에야 그같은 확신을 갖게 된다[10]. 그렇지만 그
는 하나님께서 그에게 값없이 주신 것들을 성령에 의해서
알게 되므로 색다른 계시 없이도 정상적인 방편들을 올바르
게 사용함으로써 그 확신에 도달할 수가 있다[11]. 그러므로
부르심과 택하심을 확실하게 하기 위하여 열심을 다하는 것
이 모든 신자의 의무이다[12]. 그렇게 함으로써 그의 마음은
성령 안에서 평강과 희락으로 충만하며 하나님께 대한 사랑
과 감사가 넘치며 복종하는 일에 있어서도 힘있고 유쾌하게
된다[13]. 이것들은 확신의 당연한 열매들이다. 그러므로 이
확신을 갖게 되면 사람들은 방탕으로 치닫는 생활로부터 멀
리 떠나 있게 된다[14].

참조성구
10)요일 5 : 13, 사 50 : 10, 막 9 : 24, 시 88편, 77 : 1−12 11)고전 2 :
12, 요일 4 : 13, 히 6 : 11−12, 엡 3 : 17−19 12)벧후 1 : 10 13)롬 5 :
1−2, 5, 14 : 17, 15 : 13, 엡 1 : 3−4, 시 4 : 6−7, 119 : 32 14)요일 2 :
1−2, 롬 6 : 1−2, 딛 2 : 11−12, 14, 고후 7 : 1, 롬 8 : 1, 12, 요일 3 : 2−
3, 시 130 : 4, 요일 1 : 6−7

4. 참된 신자들도 구원의 확신이 여러가지 모양으로 흔들
리며 감소되고 일시적으로 중단될 수 있다. 이것은 그들이
그 확신을 보존하는 일을 게을리 하거나 양심을 상하게 하
거나 성령을 근심케 하는 어떤 특별한 죄에 빠지거나 어떤
갑작스럽고 격렬한 유혹에 의해서 또는 하나님께서 그의 원

조를 철회하심으로 심지어는 그를 두려워하는 자들도 전혀 빛이 없고 흑암 중에 행하는 고통을 겪는 일로 인한 결과이다[15]. 그러나 그들이 하나님의 씨와 신앙 생활과 그리스도와 형제의 사랑과 의무에 대한 신실한 마음과 양심이 전적으로 결여된 것이 아니기 때문에 이러한 것들에서 성령의 역사로 말미암아 때가 되면 확신이 되살아나며[16] 또한 그동안 그들은 심한 절망에서 잘 견디어(버티어) 내게 된다[17].

참조성구

15)아 5 : 2, 36, 시 51 : 8, 12, 14, 엡 4 : 30−31, 시 77 : 1−10, 마 26 : 69−72, 시 31 : 22, 88편, 사 50 : 10 16)요일 3 : 9, 눅 22 : 32, 욥 13 : 15, 시 73 : 15, 51 : 8, 12, 사 50 : 10 17)미 7 : 7−9, 렘 32 : 40, 사 54 : 7−10, 시 22 : 1, 88편

요지

(1) 올바른 구원의 확신의 근거는 구원을 약속하신 거짓이 없으신 하나님의 말씀, 신자의 심령 속에 있는 은혜 그리고 하나님의 자녀임을 증거하시는 성령의 내재와 그 증거이다.

(2) 참된 신자라도 구원의 확신을 갖고 있지 못할 수가 있으며 또한 때때로 잃어버릴 수도 있다.

(3) 그러나 참 신자는 구원의 확신을 되찾기 전이라도 결코 심한 절망 상태나 타락의 늪에 빠지지는 않는다.

도움말

객관적인 확신은 일명 '신앙의 확신'(히 10 : 22)이라고도 불리우며 그리스도와 그의 약속을 확실히 신뢰하는 것이다. 이것은 신앙의 본질에 속한다.

주관적인 확신은 일명 '소망의 확신'(히 6 : 11)이라고도 칭하며 각 신자가 죄사함을 받고 그 영혼이 구원얻었음을 확실히 깨달아 아는 상태이다. 이것은 신앙의 참된 결과이다.

성경공부

1. 이 세상에서 구원의 확신을 획득할 수가 있을까요? (요일 5 : 13)

2. 우리가 영생을 소유하고 있는지의 여부는 무엇으로써 구별할 수 있나요? (요일 5 : 11-12)

   그렇다면 누가 버리운 자(유기자)인가요? (고후 13 : 5)

3. 그리스도인이 영생을 굳게 확신할 수 있는 그 근거는? (딛 1 : 2)

4. 또한 그리스도인의 구원을 확실히 보증하고 있는 것은? (엡 1 : 13-14 ; 고후 1 : 21-22)

5. 구원의 확신에 대한 가장 정확한 시금석은? (요일 3 : 14)

6. 우리가 영영 하나님을 떠나버릴 수 없는 이유는? (렘 32 : 40 ; 신 30 : 6)

7. 하나님의 나라에 넉넉히 들어갈 수 있는 비결은 무엇일까요? (벧후 1 : 10-11)

8. 구원의 확신의 열매들은? (딛 2 : 11-14 ; 고후 7 : 1)

적용

(1) 구원의 확신을 잃어버리게 되는 요인이나 경우에 대하여 말해 보
십시오.

1) (딛 1 : 2 ; 히 6 : 17—18)

———————————————————————————

2) (잠 28 : 13 ; 시 51 : 12)

———————————————————————————

3) (롬 8 : 16 ; 고전 2 : 12)

———————————————————————————

(2) 참된 확신과 거짓된 확신을 서로 비교하여 보십시오 .

1) (고전 5 : 10 ; 갈 6 : 14)

———————————————————————————

2) (시 51 : 12—13, 19)

———————————————————————————

3) (시 139 : 23—24)

———————————————————————————

4) (요일 3 : 2—3)

———————————————————————————

제*31*과   도덕법과 의식법과 시민법

요절 마태복음 22 : 37 — 40, 골로새서 2 : 16 — 17,
히브리서 10 : 1

본문／제 19 장 하나님의 율법 1 — 5

> **1.** 하나님께서는 아담에게 한 율법을 행위언약으로 주셨
> 는데 그것으로 말미암아 하나님은 아담과 그의 모든 후손들
> 로 하여금 개인적으로, 완전하게, 정확하게 그리고 영구적
> 으로 순종할 의무가 있게 하셨고, 그 율법을 지키면 생명을
> 주시겠다고 약속하셨고, 그것을 어기면 죽으리라고 경고하
> 셨다. 그리고 그에게 그것을 지킬 수 있는 힘과 능력을 주
> 셨다[1].

참조성구
1)창 1 : 26 — 27, 2 : 17, 롬 2 : 14 — 15, 10 : 5, 5 : 12, 19, 갈 3 : 10, 12, 전
7 : 29, 욥 28 : 28

> **2.** 이 율법은 아담이 타락한 후에도 의에 대한 완전한 규
> 칙으로 존속하게 되었다. 그리고 그것을 의의 규칙으로 시
> 내산에서 하나님이 십계명의 형식으로 두 돌판에 기록하여
> 전달해 주셨는데[2] 처음 네 계명은 하나님께 대한 우리의 본
> 분을 포함하고 있으며, 나머지 여섯 계명은 사람에 대한 우
> 리의 의무를 포함하고 있다[3].

참조성구
2)약 1 : 25, 2 : 8 — 12, 롬 13 : 8 — 9, 신 5 : 32, 10 : 4 출 34 : 1 3)마 22 :
37 — 40

3. 일반적으로 '도덕법'이라고 불리우는 이 율법 외에도 하나님께서는 미숙한 교회인 이스라엘 백성에게 의식법(儀式法)을 주시기를 기뻐하셨다. 거기에는 몇 가지 모형적인 의식들이 포함되어 있는데 부분적으로는 예배에 대한 것으로서 그것은 그리스도와 그를 통하여 베풀어질 은혜들, 그가 행하실 일들, 그가 받을 고난들, 그리고 그의 공로로 주어질 유익들을 예표하고 있으며[4], 부분적으로는 도덕적인 의무들에 대한 여러가지 교훈들이 진술되어 있다[5]. 그런데 이 모든 의식법들은 지금 신약시대에는 폐지되었다[6].

참조성구 4)히 9장, 갈 4 : 1-3, 골 2 : 17   5)고전 5 : 7, 고후 6 : 17, 유 23   6)골 2 : 14, 16, 17, 단 9 : 27, 엡 2 : 15-16

4. 하나님께서 정치적 집단(국가)인 이스라엘 백성들에게 여러가지 재판에 관한 율법들을 주셨다. 그러나 그 재판법은 그 백성의 나라와 함께 시효(유효기간)가 만료되었으며 지금은 그 율법이 요구하는 일반적인 정당성보다 더한 다른 어떠한 의무도 부여되지 않는다[7].

참조성구 7)출 21장, 22 : 1-29, 창 49 : 10, 벧전 2 : 13-14 마 5 : 9 : 8-10

5. 도덕법은 불신자들뿐만 아니라 의롭다 함을 받은 사람들을 포함해서 모든 사람이 영원토록 그것에 복종케 한다[8]. 그리고 그 법 안에 포함되어 있는 내용에 관해서 뿐만 아니라 그것을 주신 창조주 하나님의 권위 때문에서라도 복종해야 하는 것이다[9]. 또한 그리스도께서는 복음으로 도덕법의 이같은 의무를 전혀 폐하지 않고 도리어 이 의무를 더욱 강화시킨다[10].

참조성구

8)롬 13 : 8-10, 엡 6 : 2, 요일 2 : 3-4, 7-8 9)약 2 : 10-11 10)마 5 : 17-19, 약 2 : 8, 롬 3 : 31

요지

(1) 하나님은 인간에게 완전한 순종을 요구하시며 이를 위해 율법을 십계명의 형식으로 전달하여 주셨다.

(2) 의식법은 그리스도의 구속사역을 예표하며 시민법과 함께 신약시대에서는 폐지되었다.

(3) 그러나 도덕법인 십계명 만큼은 언제나 그 시효가 유효하다.

도움말

도덕법인 십계명의 핵심 요지는 하나님을 사랑하고 그 이웃을 사랑하라는 것이다. 의식법은 종교적인 의식이나 그 예법에 대한 것이다(할례, 제사, 절기, 월삭 등). 시민법은 하나님의 백성인 이스라엘의 사회 생활을 위하여 주신 법이다(재산분배, 범죄의 형벌 등에 대한 재판법). 그러나 시민법은 이스라엘 신정 정치와 함께 그 시효가 만료되었으며 의식법은 그리스도의 구속으로 말미암아 이미 성취되었으므로 오늘날 우리 신자들에게 문자적인 구속력을 갖고 있지는 않다(엡 2 : 15 ; 히 8 : 6-7 참조)

성경공부

1. 아담이 하나님께로부터 받은 율법 곧 행위언약의 조건과 상급 그리고 형벌 내용은? (창 2 : 16-17)

1) <u>요구 조건 :</u> _____

2) <u>상급 :</u> _____

3) <u>형벌 :</u> _____

2. 하나님의 율법인 십계명은 성경 어느 곳에 기록되어져 있읍
니까? (두 군데 장, 절을 기재하십시오)

3. 하나님 앞에서는 누가 의인인가요? (롬 2 : 13)

4. 지극히 작은 계명 하나라도 어기게 되면 어떻게 됩니까?
(약 2 : 10-11)

　　그 이유는? (약 2 : 11)

5. 십계명의 핵심 내용은 한마디로 무엇입니까? (마 22 : 37-
39)

6. 구약시대 모든 의식법은 어떠한 의미를 가지고 있읍니까?
(골 2 : 16-17 ; 히 10 : 1)

　　그러면 참 형상이나 실체(몸)는 누구이실까요? (골 2 : 17 ;
히 9 : 11)

7. 신약시대에 와서 이 의식적 율법은 그대로 유효한가요? (엡
2 : 15 ; 골 2 : 14)

적용
(1) 하나님의 율법을 세 가지로 간략하게 분류하여 보십시오.

1) _____

2) _____

3) _____

(2) 율법과 선지자인 구약은 어느 때까지의 예언인가요? (마 11 : 12-13 ; 눅 16 : 16-17)

_____

그러면 율법서, 선지서, 시가서 즉 구약성경은 한결같이 누구를 예언하고 증거하고 있읍니까? (눅 24 : 27, 44)

_____

제32과 율법의 용도

요절 갈라디아서 3 : 24

본문／제 19 장 하나님의 율법 6-7

6. 참 신자들은 행위언약으로서의 율법 아래 있지 않기 때문에 그것으로 말미암아 의롭다 함을 받는다거나 정죄함을 받지 않는다¹⁾. 그렇지만 불신자들에게 뿐만 아니라 참 신자들에게도 행위언약으로서의 율법이 아주 유용한 것은 그것이 생활의 법칙으로서 그들에게 하나님의 뜻과 그들이 지켜야 할 의무에 대해서 알려줌으로써 그들을 지도하고 통제하여 그것에 따라 행하게 하기 때문이다²⁾.

또한 그들의 본성과 마음과 생활이 죄악으로 오염되어 있는 것을 발견케 하고³⁾ 그렇게 해서 자신들을 살핌으로써 죄에 대하여 깨닫게 하고 죄를 인하여 겸비하게 하고 죄를 미워하기에 이르게 하며⁴⁾ 또한 그리스도와 그의 완전한 순종이 자기들에게 필요하다는 것을 더욱 분명하게 알게 해주기 때문인 것이다⁵⁾.

마찬가지로 중생한 자에게도 그들의 부패를 억제하는데 행위언약으로서의 율법이 유용함은 그것이 죄를 금하기 때문이다⁶⁾. 그리고 그 율법의 경고들은 비록 중생한 자들이 율법에 경고되어 있는 저주로부터는 해방되어 있지만 그들이 지은 죄들로 인하여 마땅히 받아야 하는 것이 무엇이며 또한 이 세상에서 어떠한 고통들을 당하게 되는가를 보여주고 있기 때문이다⁷⁾.

역시 마찬가지로 율법의 약속들은 하나님께서 율법에 순종하는 것을 얼마나 기뻐하시고 또 율법을 수행할 때 기대되는 축복들이 무엇인지를 보여주고 있기 때문이다[8]. 그렇지만 그러한 축복들은 행위언약으로서의 율법으로 말미암아서 그들에게 마땅히 주어지는 것들이 아니다[9]. 그러기에 사람이 선을 행하고 악을 삼가는 것은 율법이 선을 권장하고 악을 억제하게 하기 때문이지만 그렇다고 해서 그것이 곧, 그가 율법 아래 있고 은혜 아래 있지 않다는 증거가 되는 것은 결코 아니다[10].

참조성구

1)롬 6 : 14, 갈 2 : 16, 3 : 13, 4 : 4−5, 행 13 : 39, 롬 8 : 1 2)롬 7 : 12, 22, 25, 시 119 : 4−6, 고전 7 : 19, 갈 5 : 14, 16, 18−23 3)롬 7 : 7, 3 : 20 4)약 1 : 23−25, 롬 7 : 9, 14, 24 5)갈 3 : 24, 롬 7 : 24−25, 8 : 3− 4 6)약 2 : 11, 시 119 : 101, 104, 128 7)스 9 : 13−14, 시 89 : 30−34 8) 레 26 : 1−14, 고후 6 : 16, 엡 6 : 2−3, 시 37 : 11, 마 5 : 5, 시 19 : 11 9)갈 2 : 16, 눅 17 : 10 10)롬 6 : 12, 14, 벧전 3 : 8−12, 시 34 : 12−16, 히 12 : 28−29

> **7.** 앞서 언급된 율법의 용도는 복음의 은혜와 반대되는 것이 아니라 오히려 그것과 잘 조화된다[11]. 그리스도의 영은 인간의 의지를 굴복시켜서 율법에 계시되어 있는 하나님의 뜻을 이루는데 필요한 일을 자유롭고 기쁜 마음으로 행할 수 있게 해준다[12].

참조성구

11)갈 3 : 21, 딛 2 : 11−14   12)겔 36 : 27, 히 8 : 10, 렘 31 : 33

요지

(1) 참 신자들은 행위언약으로서의 율법 아래 있지 않다.

(2) 하지만 율법은 신자의 생활의 규범이며 하나님과 자기 자신과 그리스도를 깨달아 아는데 있어서 필수적인 요소이다.

(3) 율법의 용도(목적)는 복음의 은혜와 모순되는 것이 아니라 오히려 일치 조화된다.

도움말

율법의 용도는 우리 자신의 죄인됨을 깨닫게 해주고 하나님의 저주와 형벌을 보여주어서 그리스도의 필요성을 인식케 하려는 데 있다. 즉, 율법은 우리를 그리스도에게로 인도해 주는 몽학선생(蒙學先生)의 역할을 한다. 또한 율법은 신자들에게 생활을 위한 유일 무오한 도덕적 규범을 제시해 준다.

성경공부

1. 율법의 의의는 무엇입니까? (갈 3 : 19 상)

  _____

2. 그러면 율법의 목적은 무엇인가요? (롬 3 : 19-20)

  _____

3. 율법의 최종 역할은? (갈 3 : 24)

  _____

4. 결국 우리는 무엇으로 인해서 율법의 저주에서 해방되었읍니까? (갈 3 : 13)

  _____

5. 그리스도인이 계속해서 율법 아래 놓이지 않으려면 어떻게 행해야 할까요? (갈 5 : 18)

  _____

6. 사람이 의롭다하심을 받는 비결은 무엇입니까? (행 13 : 39 ; 갈 2 : 16)

7. 율법의 정죄와 저주로부터 자유함을 얻은 신자의 바람직한
생활 태도나 행동 강령은 ? (약 2 : 12-13)

그 이유는 ? (약 2 : 13)

적용

하나님의 율법이 신자들에게 아주 중요한 이유는 ?

1) _____

2) _____

3) _____

제*33*과 자유의 의미와 양심의 자유

요절 요한복음 8 : 32, 36, 사도행전 24 : 16
본문/제 20 장 그리스도인의 자유와 양심의 자유 1 - 2

> **1.** 그리스도께서 복음시대에 사는 신자들을 위하여 값주고 사신 자유는 죄책, 하나님의 정죄하시는 진노 그리고 도덕법의 저주에서의 해방이다¹⁾. 또한 이 악한 현 세상, 사단의 속박, 죄의 권세²⁾, 죄악된 환란, 사망의 쏘는 것, 무덤의 이기는 것, 영원한 파멸에서 구원받은 것이다³⁾. 또한 하나님께 신자들이 자유롭게 나아가는 것과⁴⁾ 노예적인 공포심에서가 아니라 어린애같은 사랑과 자원하는 마음에서 하나님께 순종하는 것이다⁵⁾. 이상의 모든 것은 율법시대의 신자들에게도 공통적으로 있었다⁶⁾. 그러나 신약시대에는 그리스도인들의 자유가 더욱 확대되어 유대 교회가 복종하였던 의식법의 멍에로부터 그들은 해방되었고⁷⁾ 더욱 담대히 은혜의 보좌에 나아갈 수 있게 되었다⁸⁾. 그리고 율법시대의 신자들이 통상적으로 참예했던 것보다도 훨씬 더욱 하나님의 자유로운 영과 충만한 교제를 누리게 되었다⁹⁾.

참조성구

1)딛 2 : 14, 살전 1 : 10, 갈 3 : 13 2)갈 1 : 4, 골 1 : 13, 행 26 : 18, 롬 6 : 14 3)롬 8 : 28, 시 119 : 71, 고전 15 : 54—57, 롬 8 : 1 4)롬 5 : 1—2 5)롬 8 : 14—15, 요일 4 : 18 6)갈 3 : 9, 14 7)갈 4 : 1—3, 6—7, 5 : 1, 행 15 : 10—11 8)히 4 : 14, 16, 10 : 19—22 9)요 7 : 38—39, 고후 3 : 13, 17—18

2. 하나님만이 양심을 주관하시는 주님이시며[10] 그분은 신앙이나 예배에 관한 일에 있어서 자기의 말씀에 조금이라도 배치되거나 혹은 벗어나는 인간들의 교리나 계명들로부터 양심을 해방시켜 주셨다[11]. 그러므로 그러한 교리를 믿는다거나 또는 양심을 범하여 그러한 계명들에 순종하는 것은 양심의 참된 자유를 배반하는 것이다[12]. 또한 맹신(盲信)과 맹종(盲從)을 요구하는 것은 양심과 이성의 자유를 파괴하는 것이다[13].

참조 성구

10)약 4 : 12, 롬 14 : 4 11)행 4 : 19, 5 : 29, 고전 7 : 23, 마 23 : 8-10, 고후 1 : 24, 마 15 : 9 12)골 2 : 20, 22-23, 갈 1 : 10, 2 : 4-5, 5 : 1 13) 롬 10 : 17, 14 : 23, 사 8 : 20, 행 17 : 11, 요 4 : 22, 호 5 : 11, 계 13 : 12, 16-17, 렘 8 : 9

요지

(1) 그리스도인의 자유는 하나님께서 자기 피로 사신 자유이다.
(2) 신·구약 성도가 모두 동일한 종류의 자유를 누렸지만 신약시대 성도들은 그 정도면에서 더욱 확대된 자유를 누리게 되었다.
(3) 하나님만이 양심의 주관자이시며 참 자유는 그의 말씀과 인간의 양심에 결코 어긋나지 않는다.

도움말

참 자유란 하나님의 율법을 이행하려고 애쓰는 내적인 소원과 능력이다. 곧, 그것은 죄책과 하나님의 진노 그리고 도벽법의 저주 또는 형벌로부터의 해방인 것이다. 반면에 방종은 율법에 개의치 않고 자기가 기뻐하는대로 행하고자하는 소욕과 의지이며 그것은 죄인 것이다. 양심은 사물의 옳고 그름이나(선악), 참과 거짓(정사)을 판단하고 명령하는 도덕적 의식이나 능력을 의미한다.

성경공부

1. 우리는 어떻게 해서 율법의 저주에서 자유케 되었을까요?
   (갈 3 : 13)

2. 그리스도께서 자기 몸을 우리 죄를 위하여 드리신 목적은?
   (갈 1 : 4)

3. 우리가 자유케 되는 비결은 무엇인가요? (요 8 : 32)

   또한 어디에 참 자유함이 있을까요? (고후 3 : 17)

4. 인간의 권위나 계명보다 무엇을 더 중요시 해야 합니까?
   (행 4 : 19, 5 : 29 ; 막 7 : 6-9)

5. 그리스도인은 왜 사람들의 종이 되지 말아야 합니까? (고전
   7 : 23)

6. 죄가 신자를 더 이상 주관하지 못하는 이유는? (롬 6 : 14)

7. 사도 바울의 올바른 생활관은 무엇이었읍니까? (행 24 : 16,
   23 : 1)

적용

신자가 죄로부터 자유케 되었다는 의미는 구체적으로 무엇인가
요? (롬 12 : 2, 요일 2 : 15-17)

제 34 과   그리스도인의 자유의 목적

요절 갈라디아서 5 : 13, 누가복음 1 : 74-75
본문/제 20 장   그리스도인의 자유와 양심의 자유 3-4

> **3.** 그리스도인의 자유를 구실로 하여 죄를 범하거나 정욕을 품는 사람들은 그리스도인의 자유의 목적을 파괴하는 것이다. 그리스도인의 자유의 목적은 우리가 우리 원수들의 손아귀에서 구원을 받아 평생토록 주님을 두려움없이 그 앞에서 거룩함과 의로움으로 섬기려는 데 있다[1].

참조성구
1)갈 5 : 13, 벧전 2 : 16, 벧후 2 : 19, 요 8 : 34, 눅 1 : 74-75

> **4.** 하나님께서 정하여 세우신 권세들과 그리스도께서 값 주고 사신 자유는 양자가 서로 충돌하여 파괴하도록 하나님에 의해 의도된 것이 아니라 상호간에 서로 지지(고무)하고 보존되도록 의도된 것이다. 그러므로 그리스도인의 자유를 구실로 하여 합법적인 권세(그것이 국가적인 것이든 아니면 교회적인 것이든지 간에)나 그 권세의 행사를 반대하는 사람들은 하나님의 법령에 저항하는 것이 된다[2]. 그리고 본성의 빛에 반대되거나 또는 신앙과 예배에 관한 것이든 아니면 대화에 관한 것이든 기독교에 잘 알려진 일반 원리에 반대되거나 또는 경건한 권세에 반대되는 그러한 견해들을 발표하거나 그러한 행동들을 지속적으로 행사하는 경우 또는 그러한 그릇된 견해들이나 소행들이 본래적인 면에서 또는 그것들을 발표하거나 행사하는 방법면에서 그리스도께서

교회 안에서 세우신 외적 평화와 질서를 파괴하는 경우에 그러한 사람들이 책망을 받는 것은 마땅하며, 교회는 문책하여 고소할 수가 있다[3].

참조성구

2)마 12 : 25, 벧전 2 : 13 — 14, 16, 롬 13 : 1 — 8, 히 13 : 17   3)롬 1 : 32, 고전 5 : 1, 5, 11, 13, 요이 10 — 11, 살후 3 : 14, 딤전 6 : 3 — 5, 딛 1 : 10 — 11, 13, 3 : 10, 마 18 : 15 — 17, 딤전 1 : 19 — 20, 계 2 : 2, 14 — 15, 20, 3 : 9

요지

(1) 그리스도인의 자유의 목적은 범죄케 하려는데 있는 것이 아니라 마귀에게서 구원받아 평생토록 주님을 바르게 섬기려는 데 있다.
(2) 하나님이 세우신 국가의 권세와 그리스도인의 자유는 서로 상호 보완적이다.
(3) 국가나 교회는 각기 고유의 영역이나 권한을 고수해야만 한다.

도움말

그리스도인의 자유는 그리스도께서 값주고 사신 영적인 자유이다. 그러므로 그 자유를 절대로 남용하지 말아야 한다. 즉, 그 자유를 범죄의 기회나 구실로 삼아서는 안될 것이다. 그리스도인의 자유는 다만 하나님의 영광, 이웃의 건덕, 그리고 불신자의 구원을 위해서만 바르게 사용되어져야 한다.

성경공부

1. 참 자유자의 바른 태도는 어떠해야 합니까 ? (갈 5 : 1)

_____

2. 자유의 남용과 선용의 실례(방법)를 각각 들어보십시오 (갈 5 : 13).

  1) 남용 : _____

  2) 선용 : _____

3. 그리스도인의 자유의 목적은 무엇인가요 ? (눅 1 : 74-75)

_____

4. 인간에 세운 모든 제도를 그리스도인이 순복해야 할 이유
   는 ? (벧전 2 : 13-14)

_____

5. 그리스도인이 자신의 자유를 행사할 때 반드시 무엇을 고려
   하여야 합니까 ? (고전 10 : 29)

_____

6. 각 사람은 왜 위에 있는 권세(국가나 정부기관)에 굴복해야
   할까요 ? (롬 13 : 1)

_____

7. 그러므로 권세를 거스리는 것은 곧, 무엇을 또한 거스림입니
   까 ? (롬 13 : 2)

_____

적용

   기독교인은 언제 죄의 세력에서 완전히 벗어나서 영광의 자유를
얻게 될까요 ? (롬 8 : 21)

_____

제*35*과   경배의 대상과 그 방법

요절 마태복음 4 : 10, 신명기 6 : 4—5
본문／제 21 장   종교적 예배와 안식일 1—2

> **1.** 본성의 빛은 하나님이 계시다는 것을 보여준다. 그 하나님은 만물에 대하여 통치권과 주권을 행사하신다. 그는 선하시며 만물에게 선을 행하신다. 그러므로 인간은 마음을 다하고 성품을 다하고 힘을 다하여 그를 경외하며 사랑하며 찬양하며 부르며 신뢰하며 그리고 섬겨야 하는 것이다[1]. 그러나 참되신 하나님을 예배하는 합당한 방법은 그 자신이 친히 제정하셨으므로 그 자신의 계시된 뜻에 의해서 한정되어 있다. 이는 사람들의 상상이나 고안들에 따라 또는 사단의 지시에 따라 어떤 가견적 표현으로나 성경에 규정되어 있지 않는 어떤 다른 방법에 따라서 하나님을 경외(예배)치 않도록 하시기 위함이다[2].

참조성구
1)롬 1 : 20, 행 17 : 24, 시 119 : 68, 렘 10 : 7, 시 31 : 23, 17 : 3, 롬 10 : 12, 시 62 : 8, 수 24 : 14, 막 12 : 33 2)신 12 : 32, 마 15 : 9, 행 17 : 25, 마 4 : 9—10, 신 4 : 15—20, 출 20 : 4—6, 골 2 : 23

> **2.** 종교적인 예배는 성부와 성자와 성령 하나님께 드리되 오직 그에게만 드려야 하며[3] 천사나 성자들이나 다른 어떤 피조물에게도 드려서는 안된다[4]. 그리고 아담의 타락 이후로는 중보자 없이는 예배드릴 수가 없고 또한 오직 그리스도 이외의 아무 다른 중보로도 예배드릴 수 없다[5].

참조성구

3)마 4 : 10, 요 5 : 23, 고후 13 : 13, 계 5 : 11 — 13 4)골 2 : 18 계 19 :
10, 롬 1 : 25 5)요 14 : 6, 딤전 2 : 5, 엡 2 : 18, 골 3 : 17

요지

(1) 하나님은 만물의 주재자이시므로 인간은 마땅히 그를 경외하고 사
   랑하며 신뢰해야 한다.
(2) 사람은 하나님의 말씀에 계시된 방법대로 삼위 하나님께만 경배
   해야 한다.
(3) 우리는 오직 그리스도의 중보를 통해서만 예배드릴 수 있을 뿐이
   다.

도움말

   예배는 하나님의 택한 백성들이 예수 그리스도를 통하여 성령
의 도우심을 받아 삼위일체 하나님께 영광과 존귀와 찬양을 세
세토록 드리는 신앙적 행위이다. 곧 예배란 하나님 아버지께 최
상의 가치를 돌려드리는 것이다. 그러므로 기독교 예배의 본질
은 예수 그리스도의 중보에 의한 하나님과 인간과의 사귐과 만
남에 있다.

성경공부

1. 우리가 하나님께 나아가는 비결(방법)은 무엇입니까 ? (엡
   2 : 18)

2. 다음에 제시된 성구를 참조하여 하나님을 기쁘시게 섬기는
   방법들을 묘사하여 보십시오.
   1) (수 24 : 14)
   2) (히 12 : 28)

3. 그러면 하나님을 경외하는 가장 좋은 방법은 무엇인가요?
   (신 6 : 4 - 5)

   _____

4. 인간이 하나님을 헛되이 경배하는 요인은? (마 15 : 8 - 9)

   _____

5. 하나님께서는 어떠한 자를 찾으시고 계신가요? (요 4 : 23 -
   24)

   _____

6. 우리의 경배 대상은 오직 누구뿐이신가요? (마 4 : 10 ; 계
   19 : 10)

   _____

7. 하나님과 사람 사이의 중보자는 누구이십니까? (요 14 : 6 ;
   딤전 2 : 5)

   _____

적용

로마 카도릭 (천주교회)의 마리아, 성자 및 천사 숭배의 부당성을
지적하여 보십시오.

1) _____

2) _____

3) _____

4) _____

제*36*과 종교적 예배의 요소

요절 빌립보서 4 : 6, 고린도전서 14 : 14 — 15
본문／제 21 장 종교적 예배와 안식일 3 — 5

> **3.** 감사함으로 드리는 기도는 종교적 예배의 한 특별한
> 요소로서[1] 하나님께서 모든 사람들에게 요구하신다[2]. 기도
> 가 열납되도록 하기 위해서는 성자의 이름으로[3] 성령의 도
> 우심을 받아[4] 하나님의 뜻을 따라서[5] 사려분별(思慮分別)
> 과 경외심과 겸손과 열심과 믿음과 사랑과 인내를 가지고
> 기도해야 한다[6]. 만일 소리를 내어 기도하는 경우에는 알
> 수 있는 언어(말)로 해야 한다[7].

참조성구

1)빌 4 : 6 2)시 65 : 2 3)요 14 : 13 — 14, 벧전 2 : 5 4)롬 8 : 26 5)요
일 5 : 14 6)시 47 : 7, 전 5 : 1 — 2, 히 12 : 28, 창 18 : 27, 약 5 : 16, 1 :
6 — 7, 막 11 : 24 마 6 : 12, 14 — 15, 골 4 : 2, 엡 6 : 18 7)고전 14 : 14

> **4.** 기도는 합당한 것들과[8] 모든 종류의 생존하는 사람들
> 이나 장차 생존하게 될 자들을 위하여 하되[9] 죽은 자들이
> 나[10] 사망에 이르는 죄를 지은 것으로 알려진 자들을 위해
> 서는 기도하지 말아야 한다[11].

참조성구

8)요일 5 : 14 9)딤전 2 : 1 — 2, 요 17 : 20, 삼하 7 : 29, 룻 4 : 12 10)삼
하 12 : 21 — 23, 눅 16 : 25 — 26, 계 14 : 13 11)요일 5 : 16

> **5.** 경건한 마음으로 성경을 읽는 것과[12] 건전한 설교와[13], 사려분별과 믿음과 경외심을 가지고 하나님께 순종하여 하나님의 말씀을 양심적으로 듣는 것과[14] 은혜로운 마음으로 시편을 찬송하는 것과[15] 그리스도께서 제정하신 성례를 합당하게 시행하고 값있게 받는 것은 하나님께 드리는 통상적인 종교적 예배의 모든 요소들이다[16]. 이것들 외에도 종교적 맹세[17]와 서원[18]과 진지한 금식[19]과 특별한 경우에 드리는 감사[20] 등은 몇 차례 또는 절기를 따라서 거룩하고 종교적인 방식으로 시행되어져야 할 것이다[21].

참조성구

12)행 15 : 21, 계 1 : 3 13)딤후 4 : 2 14)약 1 : 22, 행 10 : 33, 마 13 : 19, 히 4 : 2, 사 66 : 2 15)골 3 : 16, 엡 5 : 19, 약 5 : 13 16)마 28 : 19, 고전 11 : 23−29, 행 2 : 42 17)신 6 : 13, 느 10 : 29 18)사 19 : 21, 전 5 : 4−5 19)욜 2 : 12, 에 4 : 16, 마 9 : 15, 고전 7 : 5 20)시 107편, 에 9 : 22 21)히 12 : 28

요지

(1) 감사의 기도는 종교적 예배의 특별한 요소이다.

(2) 기도는 그리스도의 중보를 통하여 성령의 도우심을 받아 하나님의 뜻대로 하나님 아버지께 해야 한다.

(3) 참된 예배의 요소에는 설교, 시편, 찬송, 성례 집행 등의 통상적인 요소와 맹세, 서원, 금식, 감사 등의 일시적이고도 특별한 요소 등이 있다.

도움말

전통적인 기독교 예배의 요소는 네 가지이다. 곧 하나님의 말씀과 기도와 찬미 그리고 성례이다. 또한 예배의 순서는 크게 세 부분으로 나누어지며 그 내용은 다음과 같다.

① 경배―묵도, 찬송, 성시교독, 개회기도, 사도신경, 경배 찬송
② 감사와 봉헌―목회기도, 감사찬송, 헌금
③ 말씀선포와 헌신과 축복―성경봉독, 찬양, 강론(설교), 강론 후의 헌신기도, 헌신찬송, 축도 등이다.

성경공부

1. 기도의 필수적인 요소는 무엇입니까? (요 14 : 13―14, 16 : 23―24)

_____

2. 기도자가 반드시 성령의 도우심을 힘입어야 할 이유는? (롬 8 : 26―27)

_____

_____

3. 반드시 응답되는 기도의 특색은? (요일 5 : 13―14)

_____

4. 결코 기도의 제목이 될 수 없는 두 가지 경우는? (삼하 12 : 21―23 ; 요일 5 : 16)

1) _____

2) _____

_____

5. 올바른 기도의 비결이나 방법은? (약 1 : 6 ; 막 11 : 24 ; 마 21 : 22)

_____

_____

6. 소리를 내어서 하는 기도 곧 발성 기도의 경우에 그 요령이
   나 방법은? (고전 14 : 14-15 ; 시 142 : 1)

   _____

7. 통상적인 종교적 예배의 요소와 특별한 종교적 예배의 요소
   들을 각각 열거하여 보십시오(본문 제 5 참조 요망).

   1) 통상적인 요소 : _____

   2) 특별한 요소 : _____

   _____

적용

  기도에 대한 가장 올바른 정의를 내려 보십시오(소요리 문답 제
98문 참조).

  _____

  _____

  그러면 가장 모범적인 기도문은 무엇인가요? (마 6 : 9-13)

  _____

제 *37* 과 예배자의 태도와 주일 성수

요절 요한복음 4 : 23−24, 출애굽기 20 : 8−11

본문／제 21 장   종교적 예배와 안식일 6−8

> **6.** 지금 복음시대에서 기도나 기타의 다른 종교적인 예배 행위는 그것이 시행되는 장소가 고정되어 있는 것이 아니고 어떤 장소를 향하여 드릴 필요가 없으며 그 장소 여하에 따라 기도나 예배 행위가 더 잘 열납되는 것도 아니다[1]. 우리는 하나님께 어디에서나[2] 신령과 진리로[3] 예배드려야 한다. 각 가정에서[4] 매일[5] 그리고 은밀한 중에 개별적으로 드릴 수도 있고[6] 더욱 엄숙하게 공적인 모임들에게서 드릴 수도 있으나 하나님께서 자기의 말씀이나 섭리에 의하여 기도나 예배를 드리도록 요구하신 때에는 부주의하거나 고의적으로 소홀히 하거나 저버려서는 안된다[7].

참조성구

1)요 4 : 21 2)말 1 : 11, 딤전 2 : 8 3)요 4 : 23−24 4)렘 10 : 25, 신 11 : 6−7, 욥 1 : 5, 삼하 6 : 18−20, 벧전 3 : 7, 행 10 : 2 5)마 6 : 11 6)마 6 : 6, 엡 6 : 18 7)사 56 : 6−7, 히 10 : 25, 잠 1 : 20−21, 24, 8 : 34, 행 13 : 42, 눅 4 : 16, 행 2 : 42

> **7.** 일반적으로 하나님께 예배하기 위하여 일정한 시간을 정하는 것이 자연의 법칙에 합당하다. 그래서 하나님은 그의 말씀으로 적극적이고 도덕적이고 영구적인 명령을 발하여 모든 시대의 모든 사람들에게 특별히 이레(七日)중 하루를 안식일로 지정하여 하나님께 거룩하게 지키게 하셨다[8]. 그 날은 창세로부터 그리스도의 부활까지는 한 주간의 마지

막 날이었으나 그리스도의 부활 이후로는 한 주간의 첫째 날로 바뀌어졌다[9]. 성경에는 이 날이 주의 날(主日)로 불리워져 있다[10]. 이 날은 세상 끝날까지 기독교의 안식일로 계속 지켜져야 한다[11].

참조성구
8)출 20 : 8, 10—11, 사 56 : 2, 4, 6—7 9)창 2 : 2—3, 고전 16 : 1—2, 행 20 : 7 10)계 1 : 10 11)출 20 : 8, 10, 마 5 : 17—18

8. 그러기에 안식일은 주님께 거룩하게 지켜야 하는데 그날에 사람들은 그들의 마음을 합당하게 준비하고 그들의 일상적인 일들을 미리 정돈한 연후에 그들 자신의 일과 그들의 세상적인 일에 대한 말이나 생각 그리고 오락을 그치고 하루 종일 거룩하게 안식할 뿐만 아니라[12] 또한 모든 시간을 바쳐서 공적으로 개인적으로 하나님께 예배드리는 일과 부득이 해야 할 필요가 있는 일과 자비를 베푸는 일을 해야 한다[13].

참조성구
12)출 20 : 8, 16 : 23, 25—26, 29—30, 31 : 15—17, 사 58 : 13, 느 13 : 15—19, 21—22 13)사 58 : 13, 마 12 : 1—13

요지
(1) 예배의 본질적인 요소는 장소 개념에 있는 것이 아니라 그 어디에서나 신령과 진리로 드려지느냐에 있다.
(2) 하나님께 대한 가정예배, 개인적인 예배, 공중예배 등은 그 어느 하나라도 소홀히 하거나 저버려서는 안된다.
(3) 가장 예배드리기 좋은 날은 곧, 주일이며 이 날에는 모든 세상 일을 그치고 하루 종일 거룩하게 지켜져야 한다.

도움말

안식일은 한 주간의 마지막 날(토요일)로서 해질 때부터 다음 날 해질 때까지이다. 안식의 의의는 엿새 동안에 힘써 오던 온갖 세상 일을 일단 그치고 쉬는 데 있다. 오직 이 날은 경건을 도모하는 일(예배나 복음 전도)과 부득이 한 일(생명과 재산에 큰 손해를 끼치는 것) 그리고 자비를 베푸는 일(질병이나 고통) 등을 위해서만 활용되어져야 한다. 그런데 이 안식일은 그리스도의 부활 이후부터 세상 끝날까지는 매주일 첫 날(일요일)로 지켜지고 있다.

성경공부

1. 예배 장소는 어느 특정한 곳에만 국한될까요? (말 1 : 11 ; 딤전 2 : 8)

_____

2. 하나님을 경배하는 예배 모임은 언제까지 시행되어져야 합니까? (히 10 : 25)

어떠한 태도로 그 모임에 참석해야 할까요? (행 2 : 46)

_____

3. 우리가 안식일을 반드시 지켜야만 할 성경적인 근거는? (출 31 : 15 – 17)

_____

4. 안식일을 지키지 않는 자에 대한 구약율법의 형벌 내용은? (출 31 : 15)

_____

5. 안식일을 지키기 위한 평소의 가장 좋은 요령은? (출 20 : 9)

6. 안식일 성수의 비결은 무엇인가요? (출 20 : 8, 10)

7. 그리스도의 부활 이후에 안식일은 어느 날로 바뀌게 되었읍니까? (행 20 : 7 ; 고전 16 : 2 ; 계 1 : 10)

적용

안식일 (주일)을 거룩하게 지키는 비결은 무엇입니까? (소요리문답 제60문 참조)

제 *38* 과 맹세와 서원

요절 신명기 10 : 20, 23 : 21 — 23
본문/제 22 장 합당한 맹세와 서원 1 — 7

> **1.** 합당한 맹세는 종교적인 예배의 한 요소이다[1]. 예배
> 시 적당한 기회에 맹세하는 사람이 엄숙하게 하나님을 불러
> 서 그가 주장하거나 약속하는 것을 증거하며 그가 맹세하는
> 것의 진실성이나 허위성에 따라 그를 판단하게 한다[2].

참조성구
1)신 10 : 20 2)출 20 : 7, 레 19 : 12, 고후 1 : 23, 대하 6 : 22 — 23

> **2.** 하나님의 이름으로만 사람들은 맹세해야 한다. 그리고
> 맹세할 때 하나님의 이름은 전적으로 거룩한 두려움과 경외
> 심을 가지고 사용되어져야 한다[3]. 그러므로 그 영광스럽고
> 지극히 두려운 이름으로 망령되이 또는 경솔하게 맹세하거
> 나 다른 무엇에 대하여 맹세하게 되면 그것은 죄악되고 가
> 증스러운 것이다[4]. 그렇지만 맹세는 책임이 따르고 또한 중
> 요한 것이기 때문에 구약에서 뿐만 아니라 신약에서도 하나
> 님의 말씀에 의하여 보증되어 있으므로[5] 합법적인 맹세가
> 합법적인 권세에 의하여 명령되어지는 때에는 이를 행해야
> 하는 것이다[6].

참조성구
3)신 6 : 13 4)출 20 : 7, 렘 5 : 7, 마 5 : 34, 37, 약 5 : 12 5)히 6 : 16, 고
후 1 : 23, 사 65 : 16 6)왕상 8 : 31, 느 13 : 25, 스 10 : 5

3. 맹세를 하는 자는 누구나 그같이 엄숙한 행위의 책임성을 충분하게 생각해야 하며 맹세할 때에 자기가 진리라고 확신하는 것 외에는 아무것도 보증(공언)해서는 안된다[7]. 또한 누구든지 선하고 정당한 것 그리고 그렇게 믿어지는 것과 자기가 행할 능력이 있거나 하기로 결심하는 것 이외에는 아무것에 대해서도 맹세하지 말아야 한다[8]. 그렇지만 선하고 정당한 것에 관한 맹세를 합법적인 권세가 명령하는 때에 그것을 거절하는 것은 죄가 된다[9].

참조성구

7)출 20 : 7, 렘 4 : 2 8)창 24 : 2−3, 5−6, 8−9 9)민 5 : 19, 21, 느 5 : 12, 출 22 : 7−11

4. 맹세는 애매모호함이 없이 또는 심중 유보(心中留保)가 없이 분명하고 평이한 말로 해야 한다[10]. 맹세로 말미암아 죄를 짓게 되어서는 안된다. 그러나 죄가 되지 않는 것을 맹세하게 된 때에는 자신에게 손해가 될지라도 반드시 실행해야 하며[11] 비록 이단자나 불신자들에게 한 경우일지라도 어겨서는 안된다[12].

참조성구

10)렘 4 : 2, 시 24 : 4 11)삼상 25 : 22, 32−34, 시 15 : 4 12)겔 17 : 16, 18−19, 수 9 : 18−19, 삼하 21 : 1

5. 서원은 그 성격상 맹세적 약속과 같다. 그러므로 서원을 행할 때도 동일하게 경건한 주의를 기울이며 동일하게 성실히 해야 하는 것이다[13].

참조성구
13)사 19 : 21, 전 5 : 4-6, 시 61 : 8, 66 : 13-14

> **6.** 서원은 피조물에 대해서 할 것이 아니라 하나님께 대
> 해서만 할 것이다[14]. 그 서원이 열납되려면 그것은 자원하
> 는 마음으로 믿음과 의무감에서 또한 받은 바 은혜에 감사
> 하여 아니면 우리가 원하던 바를 얻은 것을 인하여 해야 한
> 다. 그리고 필요한 의무들이나 기타의 것들이 그 서원을 갚
> 는데 적절하게 이바지하는 한 그 서원으로 말미암아 우리는
> 그 필요한 의무들이나 기타의 것들을 보다 엄격하게 행하게
> 되는 것이다[15].

참조성구
14)시 76 : 11, 렘 44 : 25-26 15)신 23 : 21-23, 시 50 : 14, 창 28 : 20-
22, 삼상 1 : 11, 시 66 : 13-14, 132 : 2-5

> **7.** 아무도 하나님의 말씀으로 금해져 있는 것이나 하나님
> 의 말씀으로 명령되어 있는 어떤 의무를 방해하는 것이나
> 또는 그 자신의 힘으로 할 수 없는 것 그리고 그 서원을 이
> 행하는 데 있어서 하나님께로부터 아무런 약속이나 능력을
> 얻지 못한 것에 대해서 서원을 해서는 안된다[16]. 이러한 점
> 에 비추어 볼 때 로마교회 수도승들의 수도원에서의 종신
> 독신생활과 청빈생활과 규칙적인 복종에 대한 서원들은 완
> 전하게 지킬 수가 없는 것들로서 즉, 보다 높은 완전한 생
> 활과는 거리가 먼 것으로서 미신적이고 죄악된 올가미들이
> 므로 어떠한 그리스도인이라도 그 자신을 거기에 얽매이게
> 해서는 안된다[17].

참조성구

16)행 23 : 12, 14, 막 6 : 26, 민 30 : 5, 8, 12−13 17)마 9 : 11−12, 고전 7 : 2, 9, 엡 4 : 28, 벧전 4 : 2, 고전 7 : 23

요지

(1) 맹세는 분명하고도 평이한 말로 거룩한 두려움과 경외심을 가지고 하나님의 이름으로만 해야 한다.

(2) 서원도 경건한 배려와 성실성을 가지고 하나님께 대해서만 할 것이다.

(3) 아무도 하나님의 말씀에 금지된 사항이나 그 명령에 저촉되는 것들을 서원해서는 안된다.

도움말

맹세는 맹세하는 사람의 주장이나 약속을 증거하여 그 진위(眞僞)를 가리게 하는 것이다. 그런데 맹세는 약속한 바 그 내용이 선하고 정당하여야만 즉, 하나님의 말씀에 부합해야만 구속력을 가진다. 서원이란 인간이 하나님께 헌신하며 봉사하여 자기의 귀중한 것을 바친다고 하는 일종의 약속이다. 정당한 서원은 하나님의 시인(승인)과 우리의 소명이 서로 합치된 것이며 하나님의 은혜 안에서 우리 힘의 한도 내의 일이어야 한다.

성경공부

1. 누구의 이름으로 맹세해야 할까요? (신 6 : 13, 10 : 20)

_____

2. 예수님께서 맹세치 말라고 하신 이유는? (마 5 : 33−37 ; 약 5 : 12)

_____

3. 올바른 맹세의 방법은 무엇인가요? (렘 4 : 2)

_____

4. 맹세의 의의는 무엇입니까? (히 6 : 16-17)

_____

5. 서원의 대상은 누구인가요? (시 76 : 11)

_____

6. 서원자의 바른 태도는 어떠해야 합니까? (민 30 : 2 ; 시 15 : 4)

_____

7. 서원이 성립되지 않는 두 종류의 사람(연령층)과 그 제한 조건은? (민 30 : 5, 8)

1) 연령층 : _____ _____

2) 제한조건 : _____

_____

적용

(1) 맹세가 왜 필요할까요?

_____

_____

_____

(2) 서원에 대한 그릇된 태도는? (신 23 : 21-23)

_____

제*39*과 국가 위정자의 직무와 그리스도인 공직자

요절 로마서 13 : 1—7

본문／제 23 장 국가 위정자 1—2

> **1.** 온 세상의 최고의 주(主)요 왕이신 하나님께서는 자기 아래 위정자들을 세우셔서 자기 자신의 영광과 공공의 유익을 위하여 백성들을 다스리게 하셨으며 이 목적을 위하여 그들에게 무력(武力)을 허용하였으니 이는 선한 자들을 보호하고 격려하는 한편 악을 행하는 자들을 처벌하기 위함이다[1].

참조성구
1) 롬 13 : 1—4, 벧전 2 : 13—14

> **2.** 그리스도인들이 공직자로 부름을 받은 때에 그것을 맡아 수행하는 것은 정당하다[2]. 그 직분을 수행함에 있어서 그들은 각 나라의 건전한 법률에 따라 특별히 경건과 공의와 평화를 유지하도록 해야 한다[3]. 그렇기 때문에 그들은 그 목적을 위하여 지금 신약시대에는 올바르고 필요한 경우에 전쟁을 일으키는 것은 정당하다[4].

참조성구
2) 잠 8 : 15—16, 롬 13 : 1—2, 4 3) 시 2 : 10—12, 딤전 2 : 2, 시 82 : 3—4, 삼하 23 : 3, 벧전 2 : 13 4) 눅 3 : 14, 롬 13 : 4, 마 8 : 9—10, 행 10 : 1—2, 계 17 : 14, 16

요지

(1) 하나님은 그 자신의 영광과 우리의 유익을 위하여 지상에 세속 정부를 세우셨다.

(2) 이 목적 달성을 위해 무력을 허용하셨는데 그 목적은 선인을 보호하고 악인을 징벌키 위함이다.

(3) 그리스도인이 공직을 맡아 그 업무를 잘 수행하는 것은 바람직하다.

도움말

하나님께서 위정자들을 세우신 궁극적인 목적은 하나님 자신의 영광을 드러내는 데 있고 두 번째 목적은 공공의 이익을 도모하는 데 있다. 이를 위해 하나님은 정부에 무력 사용의 권한과 권선징악(勸善懲惡)의 권세를 또한 부여하신 것이다. 따라서 국가 정부의 직무는 정의를 수행하고 국가와 국민의 일반적 복리를 증진시키는 데 있다.

성경공부

1. 각 사람이 위에 있는 권세에 반드시 굴복해야만 할 가장 타당한 근거는? (롬 13 : 1)

_____

2. 성경은 권세를 거스리는 것과 무엇을 서로 동일시하고 있읍니까? (롬 13 : 2)

_____

3. 심지어는 백성의 관원과 재판장에게 어떠한 호칭이 주어지고 있읍니까? (시 82 : 6 ; 출 22 : 8)

_____

4. 모든 권세자의 임무는 무엇인가요? (롬 13 : 3 하-4)

5. 어떠한 권세라도 두려워하지 않으려면 어떻게 해야 할까요?
   (롬 13 : 3)

6. 그리스도인이 인간에 세운 모든 제도를 순복해야 할 이유
   는? (벧전 2 : 13-14)

적용

누가 왕이나 주권자를 세우시며 폐하시고 또한 그를 통하여 인간
나라를 다스리실까요? (단 2 : 20-21, 4 : 17)

제40과 위정자의 의무와
그리스도인 국민의 도리

요절 베드로전서 2 : 13—14, 디도서 3 : 1

본문／제 23 장 국가 위정자 3—4

3. 위정자들은 말씀을 전하는 일과 성례를 집행하는 일이나[1] 하늘나라의 열쇠의 권한을 떠맡아서는 안된다[2]. 또한 적어도 신앙의 문제를 간섭해서도 안된다[3]. 그렇지만 자녀를 양육하는 아버지와 같이 어떤 특정한 교파에게 다른 나머지 교파들 보다 우선권을 주는 일이 없이 우리 모두가 공통으로 섬기는 주님의 교회를 보호하여 모든 교회 회원들이 지위 고하를 막론하고 폭력이나 위험이 없이 그들의 성스러운 직무들의 모든 부분을 수행하는데 있어서 충분하고 자유롭고 심문받지 않는 자유를 누릴 수 있도록 해주는 것이 위정자들의 의무이다[4]. 그리고 예수 그리스도께서 그의 교회 안에 질서 정연한 정치와 권징을 제정해 놓으셨기 때문에 어떠한 국가의 아무 법률로도 그리스도인들 자신의 고백과 신앙에 따라 어떠한 교파의 회원들 가운데서 교회 정치나 권징이 정당하게 행사되는 것을 훼방하거나 강요하거나 방해해서는 안된다[5]. 또한 모든 국민들의 인격과 명예를 보호해 줌으로써 경건이나 불경건을 구실로 하여 아무도 다른 사람들에게 모욕적인 언동이나 폭력이나 욕설이나 명예 훼손을 행하지 않도록 하는 것과 그리고 명령을 발하여 모든 종교적인 교회의 집회들이 훼방이나 소동이 없이 개최될 수 있도록 하는 것이 위정자들의 의무인 것이다[6].

참조성구
1)대하 26 : 18 2)마 16 : 19 3)요 18 : 36 4)사 49 : 23 5)시 105 : 15 6)
삼하 23 : 3, 딤전 2 : 1, 롬 13 : 4

---

4. 위정자들을 위하여 기도하는 것과[7] 그들의 인격을 존
중해 주며[8] 조세와 그밖의 공과금들을 지불하며[9] 그들의 정
당한 명령에 순종하고 양심을 위하여 그들의 권위에 복종하
는 것은 국민들의 의무이다[10]. 위정자의 불신앙과 종교에
대한 무관심으로 인하여 그 위정자의 올바르고 적법한 권위
가 무효되거나 국민들이 그에게 순종치 않아도 되는 것은
아니다[11]. 교회의 직분을 맡은 사람들이라고 해서 예외적으
로 순종치 않아도 되는 것도 또한 아니다[12]. 하물며 위정자
들이 통치권을 행사하는 때에 교황은 그들에 대하여 또는
그들의 국민들에 대하여 어떠한 권한이나 사법권도 가지는
것이 아니며 만일 교황이 그들을 이단으로 정죄하거나 또는
기타의 다른 구실에 의해서라도 그들의 통치권이나 생명을
그들에게서 빼앗을 권한이 전혀 없다[13].

참조성구
7)딤전 2 : 1-2 8)벧전 2 : 17 9)롬 13 : 6-7 10)롬 13 : 5, 딛 3 : 1 11)
벧전 2 : 13-14, 16, 12)롬 13 : 1, 왕상 2 : 35, 행 25 : 9-11, 벧후 2 : 1,
10-11, 유 8-11 13)살후 2 : 4, 계 13 : 15-17

요지
(1) 교회의 정치는 국가의 정치와 구별되며 별개이다.
(2) 국가의 위정자들은 교회가 하는 일들이 교리 논쟁이나 권징에 관
   한 것일지라도 공공의 질서를 파괴하지 않는 한 간여할 수가 없다.
(3) 그리스도인은 국가를 위하여 기도하며 납세와 국방의 의무 등 국
   민된 도리를 다하고 정당한 국가의 권위에 복종해야 한다.
(4) 로마 교황은 이 세속적인 권한에 대하여 아무 권리도 없다.

도움말

그리스도인 국민의 의무는 집정자들을 하나님의 사자로 알고 그들의 권위를 존중히 여기며 존경하여야 한다는 데 있다. 또한 정부에 순종해야 하며 정부를 위하여 반드시 봉사해야 한다.

성경공부

1. 위정자들이 성직자의 고유 권한(예배 인도나 성례 집행 등)을 떠맡아야 할까요? (대하 26 : 18)

2. 신자가 하나님의 계명에 어긋나는 국가의 명령을 불순종하였을 경우에 범죄행위가 될까요? (단 6 : 10, 22)

3. 그리스도인은 왜 국가 위정자들을 위하여 기도해야 합니까? (딤전 2 : 1-2)

4. 정사와 권세잡은 자에 대한 그리스도인의 바른 태도는 어떠해야 합니까? (딛 3 : 1)

5. 그러면 국가 위정자들에게 순복할 두 가지 이유나 근거는? (롬 13 : 5)

6. 그리스도인이 공세나 국세 등을 바치는 것(곧 납세의 의무 이행)이 타당합니까? (롬 13 : 6-7)

7. 주권자(왕)에 대한 가장 바람직스러운 태도는 무엇인가요?
   (벧전 2 : 17)

   _____

적용

   교회와 국가와의 관계에 대한 여러가지 견해들을 간단히 기술하여
보십시오.

   1) 교회지상주의 : _____

   2) 국가지상주의 : _____

   3) 상호독립(정교분리) : _____

제 *41* 과   결혼과 이혼

요절 에베소서 5 : 31, 마태복음 19 : 6

본문/제 24 장   결혼과 이혼 1-6

> **1.** 결혼은 한 남자와 한 여자 사이에 이루어져야 한다. 어떠한 남자이든지 한 명 이상의 아내를 두는 것은 부당하며 또한 어떠한 여자이든지 한 명 이상의 남편을 동시에 두는 것도 합당치 않다[1].

참조성구
1)창 2 : 24, 마 19 : 5-7, 잠 2 : 17

> **2.** 결혼은 남편과 아내의 상호 협조를 위하여 제정되었다[2]. 또한 결혼은 합법적인 자손들을 통한 인류의 증가와 경건한 자손을 통한 교회의 번성[3] 그리고 부정을 방지하기 위해서 제정되었다[4].

참조성구
2)창 2 : 18 3)말 2 : 15 4)고전 7 : 2, 9

> **3.** 결혼에 서로 동의할 수 있는 판단력을 가진 사람이면 누구나 결혼하는 것이 합당하다[5]. 그렇지만 그리스도인은 오직 주 안에서만 결혼해야 할 의무가 있다[6]. 그러므로 참된 개혁주의 신앙을 고백하는 사람은 불신자들이나 천주교 신자들이나 기타 다른 우상 숭배자들과 결혼해서는 안된다. 또한 경건한 자는 그들의 생활이 악명 높게 사악한 자나 또

는 멸망케 할 이단을 주장하는 자와 결혼함으로써 부당하게 멍에를 메어서는 안된다[7].

참조성구
5)히 13 : 4, 딤전 4 : 3, 고전 7 : 36−38, 창 24 : 57−58 6)고전 7 : 39 7) 창 34 : 14, 출 34 : 16, 신 7 : 3−4, 왕상 11 : 4, 느 13 : 25−27, 말 2 : 11−12, 고후 6 : 14

4. 성경 말씀에 금지된 혈족이나 인척간에 결혼해서는 안된다[8]. 남편과 아내로서 함께 사는 그같은 근친 결혼은 어떠한 인간의 법률이나 단체들의 승락으로도 합당한 것이 되어질 수 없다[9]. 남자는 자기 자신의 근친뿐만 아니라 아내의 가까운 친족 중 어느 누구와도 결혼해서는 안되고, 여자도 자기 자신의 근친뿐만 아니라 남편의 가까운 친족 중 어느 누구와도 결혼해서도 안된다[10].

참조성구
8)레 18장, 고전 5 : 1, 암 2 : 7 9)막 6 : 18, 레 18 : 24−28 10)레 20 : 19−21

5. 약혼 후에 행해진 간음이나 음행이 결혼 전에 발견되면 순결한 쪽(무흠한 쪽)에서 그 약혼을 파기할 정당한 근거가 된다[11]. 결혼한 후에 범한 간음의 경우에는 순결한 편에서 이혼을 청구하는 것이 합법적이다[12]. 이혼한 후에는 마치 범죄한 측이 사망한 것과도 같으므로 다른 사람과 결혼하는 것도 합당한 일이다[13].

참조성구
11)마 1 : 18−20 12)마 5 : 31−32 13)마 19 : 9, 롬 7 : 2−3

> **6.** 인간의 마음은 부패했기 때문에 하나님께서 결혼으로 짝지어 주신 사람들을 떼어(갈라)놓기 위해 부당하게 이혼 사유를 캐내는 경향이 있다. 그렇지만 간음 그리고 교회나 세상 법률(국가 행정기관)에 의해서도 결코 교정(개선)될 수 없는 고의적인 유기(버림) 외에는 다른 아무것도 결혼 유대를 파기할 충분한 사유가 될 수 없다[14]. 이혼을 할 때에는 공적이며 순서바른 절차가 지켜져야 하며 관련된 당사자들이 그들 자신의 경우에 있어서 자신들의 의사나 판단에 따라 처리해서는 안된다[15].

참조성구
14)마 19 : 8-9, 고전 7 : 5, 마 19 : 6 15)신 24 : 1-4

요지
(1) 하나님께서는 일부일처의 결혼 제도만을 창시하셨으며 그 목적은 상호 보완, 인류의 증가, 교회의 번성, 부정의 방지 등이다.
(2) 그리스도인은 오직 주 안에서만 결혼해야 하며 근친 상간은 절대 금물이다.
(3) 합당한 이혼의 근거는 상대편 배우자의 간음과 불신 배우자에 의한 고의적인 유기(내어버림)뿐이다. 이 경우에는 반드시 합법적인 절차(이혼 수속)를 거쳐야 한다.

도움말
결혼이란 그리스도 안에서 한 남자와 한 여자를 일생 동안 함께 묶는 멍에(고리)이다. 그러므로 죽음 이외의 그 어떤 것도 하나님의 뜻 안에서 이루어진 결합을 깰 수는 없다. 반면에 이혼은 하나님께서 순결한 배우자를 음란한 배우자로부터 구제하시려는 최후의 해결책이다. 따라서 불신 배우자가 도저히 회개할 가능성이 전혀 없다든가 아니면 신자가 더 이상 인내하기가 불가능할 경우에만 이혼이 고려되어져야 한다.

성경공부

1. 결혼에 대한 정의를 내려보십시오(창 2 : 24 ; 엡 5 : 31).

2. 결혼의 목적들은 무엇일까요 ?

  1) (말 2 : 15)

  2) (창 2 : 18)

  3) (고전 7 : 2, 9)

3. 결혼에 대한 그리스도인의 바른 태도는 어떠해야 합니까 ? (히 13 : 4)

  배우자 선택의 올바른 방법은 무엇인가요 ? (살전 4 : 4−5)

4. 성경은 근친 상간에 대해서 어떻게 규정짓고 있읍니까 ? (레 18 : 6−18, 20 : 19−21)

5. 사람이 부당하게 이혼하거나 재혼한다면 그는 어떤 죄를 짓는 셈인가요 ? (마 5 : 32, 19 : 9)

6. 이혼에 대한 성경적인 두 가지 근거는? (마 19 : 8-9 ; 고전 7 : 15 상)

7. 모세는 왜 이혼을 허락하였읍니까? (마 19 : 8 상)

하지만 하나님의 근본적인 계획은 무엇이었을까요? (마 19 : 8 하)

적용

(1) 배우자 선택에 있어서 그리스도인이 반드시 지켜야 할 사항은? (고후 6 : 14 ; 고전 7 : 39)

(2) 하나님은 이혼에 대해서 근본적으로 어떻게 여기고 계신가요? (말 2 : 16)

제 *42* 과 유형교회와 무형교회

요절 고린도전서 12 : 27, 요한계시록 19 : 7 - 8

본문／제 25 장 교회 1 - 3

---

1. 보편적이고 우주적인 교회는 보이지 않는 교회이다. 이 무형(無形)교회는 교회의 머리되신 예수 그리스도 아래 하나로 모인 과거, 현재, 미래의 전 피택자들로 구성되어 있다. 이 교회는 그리스도의 신부요 몸이며 만물 안에서 만물을 충만케 하시는 자의 충만이다[1].

참조성구

1)엡 1 : 10, 22, 23, 5 : 23, 27, 32, 골 1 : 18

---

2. 보이는 교회 역시 보편적이고도 우주적이다(전에 율법 아래 있었을 때 처럼 한 민족에 국한된 것이 아니다). 이 유형(有形)교회는 참된 종교(기독교)를 고백하는 전 세계 모든 사람들과[2] 그들의 자녀로 구성되어 있다[3]. 그리고 이 유형교회는 주 예수 그리스도의 왕국이고[4] 하나님의 집이며 권속(가족)이다[5]. 이 교회를 떠나서는 즉, 교회 밖에서는 통상적으로 결코 구원받을 수가 없다[6].

참조성구

2)고전 1 : 2, 12 : 12-13, 시 2 : 8, 계 7 : 9, 롬 15 : 9-12 3)고전 7 : 14, 행 2 : 39, 겔 16 : 20-21, 롬 11 : 16, 창 3 : 15, 17 : 7, 갈 3 : 7, 9, 14, 롬 4장 4)마 13 : 47, 사 9 : 7 5)엡 2 : 19, 3 : 15 6)행 2 : 47

> **3.** 이 보편적인 유형교회에게, 세상 끝날까지 이 세상에서 성도들을 모으는 일과 온전케 하는 일을 위해 하나님의 성직과 성경과 성례 의식을 제정해 주셨다. 그리고 그의 약속에 따라 그리스도 자신의 임재와 성령에 의하여 그것들을 또한 효과적이 되게 하신다[7].

참조성구

7) 고전 12 : 28, 엡 4 : 11—13, 마 28 : 19—20, 사 59 : 21

요지

(1) 보이지 않는 교회는 과거, 현재, 미래의 모든 택함받은 자들로 구성되어 있다.

(2) 보이는 교회는 기독교 신앙을 고백하는 성인 그리스도인들과 그들의 자녀들로 구성되어 있다.

(3) 일반적으로 교회 밖에는 구원이 절대로 없다.

도움말

교회는 하나님의 부르심을 받아 함께 모인 그의 백성들을 의미한다. 무형교회는 일명 불가견적 교회, 유형교회는 소위 가견적 교회라고도 부르는데 이것은 동일한 교회의 양면적인 구별일 뿐이며 궁극적으로 예수 그리스도의 교회는 오직 하나이다.

성경공부

1. 교회의 머리는 누구이신가요 ? (골 1 : 18)

_____

2. 그러면 성도와 교회는 무엇인가요 ? (엡 1 : 22—23 ; 고전 12 : 27)

_____

3. 교회는 본질적으로 누구의 소유일까요? (행 20 : 28)

_____

그 이유는?

_____

4. 교회가 예수 그리스도의 신부라면 그 신부의 단장 비결은?
   (고후 11 : 2 ; 계 19 : 7-8)

_____

5. 하나님께서 그의 몸된 교회에 직분자들을 주신 목적은 무엇
   입니까? (엡 4 : 11-12)

_____

6. 교회 밖에도 구원이 정녕 있을까요? (행 2 : 47, 4 : 12)

_____

7. 이방인은 어떻게 그리스도와 함께 천국의 후사(상속자)가 되
   고 함께 지체가 되었을까요? (엡 3 : 6)

_____

적용

유형교회(보이는 교회)가 참 교회의 가견성(可見性)을 흐리게 하는
두 가지 요인은?

   1) _____

   2) _____

_____

제 *43* 과 교회의 3대 표지

요절 마태복음 16 : 18

본문／제 25 장 교회 4 — 6

> **4.** 이 보편적인 교회는 때때로 유형교회에 더 잘 나타나
> 는가 하면 때로는 더 적게 나타나기도 한다[1]. 그리고 보편
> 적인 교회의 일원인 개교회들은 복음의 교리가 가르쳐지고
> 받아들여지는 여하에 따라 순수해지기도 하고 덜 순수해지
> 기도 한다. 성례의 집행과 공 예배의 실행 여하에 따라서도
> 개교회들은 좀 더 순수해지기도 하며 그렇지 않게도 된다[2].

참조성구

1)롬 11 : 3—4, 계 12 : 6, 14 2)계 2—3장, 고전 5 : 6—7

> **5.** 하늘 아래서 가장 순수한 교회들일지라도 혼합과 오류
> 가 있다[3]. 그리고 어떤 교회들은 너무나 타락해서 전혀 그
> 리스도의 교회가 될 수 없고 오히려 사단의 모임들일 뿐이
> 다[4]. 그럼에도 불구하고 지상에는 하나님의 뜻에 따라 그에
> 게 예배하는 교회가 항상 있을 것이다[5].

참조성구

3)고전 13 : 12, 계 2—3장, 마 13 : 24—30, 47 4)계 18 : 2, 롬 11 : 18—
22 5)마 16 : 18, 시 72 : 17, 102 : 28, 마 28 : 19—20

> **6.** 주 예수 그리스도 외에는 교회의 머리되시는 분이 달
> 리 아무도 없다[6]. 로마 교황 역시 어떤 의미에서든지 교회
> 의 머리일 수 없다. 다만 로마 교황은 적 그리스도요 불법

의 사람이요 멸망의 아들일 뿐이며 교회 안에서 그리스도를
대적하여 자신을 높이거나 범사에 일컫는 하나님이라는 자
이다[7].

참조성구

6)골 1 : 18, 엡 1 : 22 7)마 23 : 8−10, 살후 2 : 3−4, 8−9, 계 13 : 6

요지

(1) 교회의 3대 표지(標識)는 말씀의 전파, 성례의 정당한 집행, 권
징의 신실한 시행이다.

(2) 보편적인 유형교회에 많은 오류가 있을지라도 지상에는 하나님을
예배하는 경건한 교회가 언제나 존속할 것이다.

(3) 오직 예수 그리스도만이 교회의 머리이시며 로마 교황은 적 그리
스도이다.

도움말

교회의 3대 표지는 참 교회와 거짓 교회를 구별하여 준다.

그 내용은,

① 말씀의 참된 전파─전파가 근본적으로 진실되어야 하며 신앙
과 행위에 지배적인 감화를 주어야 한다는 뜻이다.

② 성례의 정당한 집행─이 성례들은 말씀의 합법적인 사역자들
에 의하여 하나님이 세우신 제도에 따라 신자들과 그 자녀들
에게만 집행되어야 한다.

③ 권징의 신실한 시행─이것은 교리를 순수하게 유지하며 성례
를 거룩하게 보수하는데 극히 필요한 것이다.

성경공부

1. 교회 안에 있는 가라지(마귀의 자녀)를 추수 때(심판) 가
서야 비로소 불사르시는 이유는 ? (마 13 : 29−30)

2. 그리스도의 교회가 극도로 타락케 되면 결국은 어떻게 되나요? (계 2 : 9, 3 : 9)

_____

3. 그러면 언제 그리스도의 교회는 가장 순수해지며 가장 영광스러운 교회가 될 수가 있읍니까? (엡 5 : 26-27)

_____

4. 굳건한 신앙고백(반석) 위에 세운 교회의 특색은? (마 16 : 18)

_____

5. 아합 왕의 박해시에 하나님께서는 엘리야 선지자 하나만을 남기셨을까요? (롬 11 : 2-3 ; 왕상 19 : 10, 14, 18, 20 : 15)

_____

6. 적 그리스도의 또다른 두 가지 별명은? (살후 2 : 3)

_____

이 적 그리스도의 영의 특색은 무엇인가요? (요일 4 : 3)

_____

7. 적 그리스도의 최후 운명은? (살후 2 : 8 ; 계 20 : 10)

_____

적용

신자가 한 교회에서 다른 교회로 옮기는 경우에 반드시 고려해야 할 사항들은 무엇인가요?

_____

_____

제*44*과 성도의 교통

요절 고린도전서 1 : 9, 요한일서 1 : 3, 로마서 12 : 5

본문/제 26 장 성도의 교통 1—3

> **1.** 머리되시는 예수 그리스도에게 그의 성령과 믿음으로 말미암아 연합되어 있는 모든 성도들은 그의 은혜와 고난과 죽음과 부활과 영광 안에서 그와 교제를 갖는다[1]. 그리고 성도들은 사랑 안에서 서로 연합되어 있는 까닭에 각자에게 주어져 있는 은사와 은혜 안에서 서로 교통한다[2]. 또한 피차 덕을 세워서 그들은 공적으로나 사적으로나 상호간에 유익을 가져다 주는 의무들을 이행해야 한다[3].

참조성구

1) 요일 1 : 3, 엡 3 : 16—19, 요 1 : 16, 엡 2 : 5—6, 빌 3 : 10, 롬 6 : 5—6, 딤후 2 : 12 2) 엡 4 : 15—16, 고전 12 : 7, 3 : 21—23, 골 2 : 19 3) 살전 5 : 11, 14, 롬 1 : 11—12, 14, 요일 3 : 16—18, 갈 6 : 10

> **2.** 성도로 호칭되는 사람들은 하나님을 예배하는 일과 그들 상호간에 덕을 세우는데 도움이 되는 다른 신령한 봉사를 하는 일과[4] 또한 그들 각양의 능력과 필요에 따라 물질로 서로 도와주는 일에 있어서 거룩한 교제와 교통을 유지해야 한다. 이같은 성도의 교통은 하나님께서 기회를 주시는대로 어디에서나 주 예수의 이름을 부르는 모든 사람들에게 베풀어져야 하는 것이다[5].

참조성구

4) 히 10 : 24—25, 행 2 : 42, 46, 사 2 : 3, 고전 11 . 20 5) 행 2 : 44—45, 요일 3 : 17, 고후 8—9장, 행 11 : 29—30

> **3.** 성도들은 그리스도와 더불어 갖는 교통으로 말미암아 그들이 그리스도의 신격의 본질을 어떻게든지 소유하는 것은 결코 아니며 또한 어느점에서도 그리스도와 동등하게 되는 것도 아니다. 이들 중에 어느 하나라도 긍정하게 되면 그것은 불경건하고 신성모독적인 것이다[6]. 또한 성도들 상호간에 갖는 교통으로 말미암아 각자가 가지고 있는 물건이나 재산의 소유권이 상실되거나 결코 침해되는 것은 아니다[7].

참조성구

6) 골 1 : 18-19, 고전 8 : 6, 사 42 : 8, 딤전 6 : 15-16, 시 45 : 7, 히 1 : 8-9 7) 출 20 : 15, 엡 4 : 28, 행 5 : 4

요지

(1) 신자는 그리스도의 중보 사역 안에서 그와 생명의 연합을 가지고 있다.

(2) 그 결과 성도는 그리스도 안에서 상호간에 거룩한 교제를 유지해야 한다.

(3) 그리스도와의 교통으로 성도들은 그리스도와 동등하게 되는 것이 아니며 성도 성호간의 교제로 그를 각자의 사유 재산권이 파괴되는 것도 아니다.

도움말

성도의 교제는 신자와 예수 그리스도와의 관계에 기초(근거)한다. 모든 신자가 그리스도 예수와 연합되어 있고 이 연합이 그리스도와 신자와의 교제는 물론 그리스도에게 속한 모든 신자 상호간의 교제의 기초가 된다. 진정한 친교는 상호간의 참여이며 나눔 또는 동참이다. 즉, 자기 자신을 위해서가 아니라 주를 위하여 그리고 서로를 위하여 노력하고 애쓰며 사랑하며 살아가는 것이다.

성경공부

1. 친교(성도의 교제)의 3요소는 무엇인가요? (요일 1 : 3)

_____

2. 성도 상호간의 친교를 지속시키는 비결은? (요일 1 : 6-7)

_____

3. 우리는 누구와 더불어 하나님과 교제할 수가 있을까요? (고전 1 : 9)

_____

4. 성도의 교제에 대한 근거는? (롬 12 : 5 ; 고전 12 : 27)

_____

5. 그러면 성도는 어떻게 그리스도와 한몸이 되고 성도 상호간에 서로 지체가 되었을까요? (고전 12 : 12-13 ; 엡 2 : 15-16)

_____

6. 성경은 사유 재산권을 인정합니까? (행 5 : 4 상)

_____

7. 다음에 제시된 성구를 읽고 친교의 비결이나 방법을 한번 적어 보십시요.

1) (고전 10 : 16-17)

_____

2) (빌 2 : 1 ; 고후 13 : 13)

_____

3) (행 2 : 42)

_____

4) (빌 1 : 5)

_____

5) (엡 1 : 16 ; 롬 1 : 9)

_____

6) (몬 1 : 6)

_____

적용

성도 상호간의 교제의 기초나 근거는 무엇입니까?(요일 1 : 3)

_____

_____

제*45*과 성례의 의의와 효력

요절 마태복음 28 : 19, 고린도전서 11 : 23

본문/제 27 장 성례 1-5

> **1.** 성례는 은혜언약에 대한 거룩한 표요 인이다[1]. 그것은 하나님께서 직접 제정하신 것인데[2] 그리스도와 그의 은혜를 나타내시고 그에 대한 우리의 관심을 확증하시기 위함이다[3]. 또한 교회에 속한 사람들과 세상에 속한 그 나머지 사람들 사이에 보이는 차이점을 두시기 위함이며[4] 하나님의 말씀에 따라 그리스도 안에서 하나님께 예배드리는 일에 엄숙하게 참예하도록 하기 위함이다[5].

참조성구

1)롬 4 : 11, 창 17 : 7, 10 2)마 28 : 19, 고전 11 : 23 3)고전 10 : 16, 11 : 25-26, 갈 3 : 27 4)롬 15 : 8, 출 12 : 48, 창 34 : 14 5)고전 10 : 16, 21

> **2.** 매 성례마다 그 표와 그 표가 의미하는 것 사이에는 영적인 관계나 성례적인 연합이 있다. 그러기에 그 표의 명칭들과 효과들은 그 표에 의해서 나오게 되는 것이다[6].

참조성구

6)창 17 : 10, 롬 6 : 3-4, 마 26 : 27-28, 딛 3 : 5

> **3.** 성례전이 올바르게 집행될 때에 그 성례 안에 또는 그 성례를 통하여 나타나는 은혜는 성례 자체 안에 있는 어떤 능력으로 주어지는 것이 아니다. 또한 성례의 효력은 그 성

례를 집행하는 사람의 경건이나 의도에 달려 있지 않고[7] 다만 성령의 사역[8]과 그 성례에 관한 말씀에 달려있는 것이다. 그 말씀에는 성례를 거행할 수 있는 권한을 부여한 교훈과 함께 합당하게 성례를 받아들이는 자들에게 대한 유익한 약속이 포함되어 있다[9].

참조성구

7)롬 2 : 28 − 29, 벧전 3 : 21 8)마 3 : 11, 고전 12 : 13 9)마 26 : 27 − 28, 28 : 19 − 20

4. 그리스도 우리 주께서 제정해 놓으신 성례는 두 가지뿐인데 곧 세례와 주님의 만찬 즉, 성찬이다. 이 중에 어느 것도 합법적으로 안수를 받은 하나님의 말씀의 사역자인 목사 이외에 그 어떠한 사람에 의해서도 집행되어질 수 없다[10].

참조성구

10)마 28 : 19, 고전 11 : 20, 23, 4 : 1, 히 5 : 4

5. 구약의 성례들은 그것들이 뜻하고 있고 나타내고 있는 신령한 것들에 관하여 본질상 신약의 성례들과 동일하다[11].

참조성구

11)고전 10 : 1 − 4

요지

⑴ 성례는 은혜 언약에 대한 표(標)와 인(印)이며 그리스도와의 영적인 연합을 뜻한다.

⑵ 성례의 효력은 집례자의 경건이나 의도에 달려있는 것이 아니라

다만 성령의 사역과 그 성례에 대한 말씀 자체에 의존한다.

(3) 그리스도께서 제정하신 신약의 성례는 세례와 성찬 뿐이며 구약의 성례인 할례와 유월절과 본질적으로는 동일하다.

도움말

성례는 그리스도께서 제정하신 거룩한 의식이니 그리스도 안에 나타난 하나님의 은혜가 이 감각적 표호(表號)에 의하여 신자들에게 제시되고 인쳐지며 적용되는 것이다. 한편 신자들은 그 보답으로 하나님께 그들의 신앙과 순종을 표현케 된다. 성례의 효력은 성령의 역사하심과 성례를 제정하신 그리스도의 축복하심에 있다.

성경공부

1. 아브라함이 할례의 표를 받은 그 의미는? (롬 4 : 11 상)

   _____

   그 근본 목적은? (롬 4 : 11 하)

   _____

2. 구약의 유월절 양은 누구를 의미하고 있읍니까? (고전 5 : 7−8)

   _____

   성찬식에서 포도주는 무엇을 뜻하고 있읍니까? (마 26 : 27−28)

   _____

3. 성례의 효력은 어디에 있을까요? (롬 2 : 28−29)

4. 신약 성례는 몇 가지이며 그 내용은? (마 28 : 19 ; 고전 11 : 23)

5. 이 성례 곧 세례와 성찬은 언제까지 시행되어져야 합니까?
   (마 28 : 19 − 20 ; 고전 11 : 26)

6. 이 성례 집행의 권한은 오직 누구에게만 주어졌을까요? (히
   5 : 4)

7. 구약의 할례는 신약의 무엇과 비교가 됩니까? (골 2 : 11 −
   12)

   또한 신약의 성찬은 구약의 무엇과 동일시 되고 있읍니까?
   (고전 5 : 7)

적용

  구약시대 성례 두 가지와 신약시대 성례 두 가지를 서로 비교 대
조하여 보고 그 특색을 지적하여 보십시오.

제*46*과 세례의 의미와 효력

요절 마가복음 16 : 16, 갈라디아서 3 : 27
본문／제 28 장 세례 1－7

> **1.** 세례는 예수 그리스도에 의해서 제정된 신약의 성례이다[1]. 세례는 유형교회(보이는 교회)에 세례받은 당사자를 엄숙하게 가입시키기 위한 것일 뿐만 아니라[2] 수세자에게는 은혜언약의 표와 인이 되며[3] 그리스도와의 접붙임이며[4] 중생[5]과 죄사함을 뜻하기도 한다[6]. 또한 예수 그리스도를 통하여 새 생명 가운데 행하려고 자신을 하나님께 헌신한다는 표와 인이다[7]. 이 성례는 그리스도 자신이 친히 하신 명령에 의해 세상 끝날까지 그의 교회 안에서 계속 집행되어져야 한다[8].

참조성구

1)마 28 : 19, 막 16 : 16 2)고전 12 : 13, 갈 3 : 27－28 3)롬 4 : 11, 골 2 : 11－12 4)갈 3 : 27, 롬 6 : 5 5)딛 3 : 5 6)행 2 : 38, 22 : 16, 막 1 : 4 7)롬 6 : 3－4 8)마 28 : 19－20

> **2.** 이 성례에 사용되어지는 외형적 요소는 물이다. 이 물을 가지고 합법적으로 부르심을 받은 복음의 사역자인 목사가 성부와 성자와 성령의 이름으로 세례를 베풀어야 한다[9].

참조성구

9)행 8 : 36, 38, 10 : 47, 마 28 : 19

3. 세례받는 당사자를 반드시 물 속에 잠기게 할 필요는 없다. 다만 세례는 그 사람(수세자) 위에 물을 붓거나 뿌림으로써 올바르게 집행되어져야 한다[10].

참조성구

10)행 2 : 41, 16 : 23, 막 7 : 4, 히 9 : 10－21

4. 그리스도를 믿고 그에게 순종하기로 실제로 고백하는 사람들뿐만 아니라[11] 한편 또는 양편이 다 믿는 부모의 유아들도 세례받을 수 있다.

참조성구

11)막 16 : 15－16, 행 8 : 37－38

5. 이 세례의식을 경멸하거나 무시하는 것은 중대한 죄가 된다[12]. 그렇지만 세례 없이 아무도 중생할 수 없다거나 구원받을 수 없다고[13] 또는 세례받은 모든 사람들이 확실히 중생했다고 단정할 정도로 세례에 은혜와 구원이 떨어질 수 없게 연결되어 있는 것은 아니다[14].

참조성구

12)눅 7 : 30, 출 4 : 24－26 13)롬 4 : 11, 행 10 : 2, 4, 22, 31, 45, 47 14)행 8 : 13, 23

6. 세례의 효력은 세례가 집행되는 그 순간에 꼭 얽매어 있는 것은 아니다[15]. 그럼에도 불구하고 이 의식의 정당한 집행에 의해서 하나님 자신의 계획에 따라 그가 정하신 때에 은혜받을 사람(어른이든 유아이든)에게 성령으로 말미

> 암아 약속된 은혜가 제공될 뿐만 아니라 실제로 나타나고
> 수여된다[16].

참조성구

15)요 3 : 5, 8 16)갈 3 : 27, 딛 3 : 5, 엡 5 : 25 — 26, 행 2 : 38, 41

> 7. 세례의식은 어떠한 사람에게든지 단 한번만 베풀어져
> 야 한다[17].

참조성구

17)딛 3 : 5

요지

(1) 세례는 목사에 의해서 물을 가지고 삼위일체 하나님의 이름으로
베풀어져야 한다.

(2) 수세자의 자격은 그리스도를 믿고 그에게 순종하기로 고백하는 사
람과 그의 자녀(유아)들에게 있다.

(3) 이 세례 의식은 올바르게 집행될 때에 은혜의 방편이 될 수 있으
며 누구에게든지 단 한 번만 시행되어져야 한다.

도움말

세례는 물을 가지고 성부와 성자와 성령의 이름으로 씻는 성
례인데 우리가 그리스도에게 접붙임되는 것과 은혜언약의 모든
유익에 참여함과 주님의 사람이 되기로 하는 우리의 약조(약속)
를 표시하며 인치는 것이다. 그러므로 세례의 근본적인 의미는
삼위 하나님 특히 그리스도와의 연합을 이루는데 있다.

성경공부

1. 세례는 누구의 이름으로 베풀어져야 합니까? (마 28 : 19)

2. 세례의 의미는 무엇인가요? (벧전 3 : 21)

_____

　　보다 근본적인 의의는? (롬 6 : 3-4)

_____

3. 세례의 외형적인 요소는? (행 10 : 47, 8 : 36-37)

_____

　　그러므로 세례는 어떤 예식인가요? (행 22 : 16)

_____

4. 세례받기 전에 수세자의 바른 태도는 어떠해야 합니까? (막 1 : 5 상)

_____

5. 세례받는 사람(수세자)의 자격 요건은? (막 16 : 16)

_____

6. 유아세례의 근거는 무엇인가요? (창 17 : 7 ; 히 13 : 20)

_____

　　그 자격은? (행 16 : 13-14, 32-33)

_____

7. 세례는 몇 번이나 받아야 할까요? (딛 3 : 5 ; 엡 4 : 5)

_____

적용

(1) 물로 세례를 주는 이유는 무엇인가요? (히 9 : 10, 13, 19 ; 막 1 : 4-5 ; 행 10 : 47)

_____

(2) 유아세례의 근거에 대하여 진술하여 보십시오.

_____

제47과 성찬의 목적과 그 의의

요절 고린도전서 11 : 24−26, 10 : 16−17

본문／제 29 장 성찬 1−3

> **1.** 우리 주님 예수께서는 그가 잡히시던 날 밤에 그의 몸
> 과 피로 세우신 성례 곧 성찬을 제정하여 그의 교회에서 세
> 상 끝날까지 지키도록 하셨다. 이는 그가 죽으심으로 자신
> 을 친히 희생 제물로 드린 것을 영원히 기념케 하시고 참 신
> 자들에게 그 희생이 주는 모든 은혜들을 보증하시며 그 안
> 에서 그들이 영적인 양식을 먹고 성장케 하시며 그들이 그
> 에게 마땅히 행해야 되는 모든 의무들을 보다 충성스럽게
> 이행케 하시며 그들이 그와 더불어 갖는 교통과 그의 신비
> 한 몸의 지체들로서 그들 상호간에 갖는 교통의 매는 줄과
> 보증이 되게 하시기 위함이었다[1].

참조성구 1)고전 11 : 23−26, 10 : 16−17, 21, 12 : 13

> **2.** 이 성찬 예식을 행할 때 그리스도께서 성부에게 실제
> 로 바쳐지거나 또는 산 자나 죽은 자의 죄사함을 위하여 희
> 생 제물이 실제로 드려지는 것은 결코 아니다[2]. 다만 이 성
> 찬 예식은 십자가 상에서 단번에 스스로 자신을 드린 그 희
> 생을 기념하는 것에 지나지 않으며 하나님께 드릴 수 있는
> 모든 찬미를 영적으로 봉헌하는 것에 불과하다[3]. 그러므로
> 카도릭 교회의 소위 희생 미사는 그리스도께서 피택자들의
> 모든 죄를 위한 유일한 화목의 제물이 되시고 유일한 희생
> 제물이 되신 것을 가장 극단적으로 손상시키는 것이다[4].

참조성구

2)히 9 : 22, 25－26, 28 3)고전 11 : 24－26, 마 26 : 26－27 4)히 7 : 23－
24, 27, 10 : 11－12, 14, 18

3. 주 예수께서는 이 예식을 행함에 있어서 그의 사역자
들을 택정하시어서 이 예식에 대한 자신의 말씀을 그 백성
들에게 선포케 하시고 기도하게 하시며 떡과 포도주를 축사
하게 하시고 그렇게 축사하여 그것들을 거룩하게 사용될 수
있도록 다른 일반 떡이나 포도주와 구별하게 하시고 떡을
가지고 떼게 하시고 잔을 들게 하신 후에 떡과 잔을(자신들
이 나눌 뿐만 아니라) 수찬자(受餐者)들에게 나누어 주게
하셨다5). 그러나 이 예식이 거행되는 시간에 회중 가운데
참예하지 않는 자에게는 아무에게도 나누어 주지 못하게 하
셨다6).

참조성구

5)마 26 : 26－28, 막 14 : 22－24, 눅 22 : 19－20, 고전 11 : 23－26 6)행
20 : 7, 고전 11 : 20

요지

(1) 예수께서 그가 잡히시던 날 밤에 성찬을 제정하셨으며 이 예식은
　　세상 끝날까지 준수해야 한다.　　　'

(2) 성찬 예식은 십자가 상에서 단번에 드리신 예수님의 희생을 영원
　　히 기념하는 것이다.

(3) 그리스도께서는 그의 사역자들을 통하여 성례를 집행토록 하셨으
　　며 외형적인 요소는 떡과 포도즙이다.

도움말

　　주의 성찬은 곧, 성례이니 그리스도께서 정하신대로 떡과 포

도즙을 주고 받음으로 그의 죽으심을 나타내 보이는 것이다. 여기서 떡과 포도즙은 주님의 상하신 몸과 흘리신 피를 상징한다. 그러므로 성찬이란 십자가 상의 예수 그리스도의 희생의 열매를 영적으로 충용(充用)하는 것이며 또한 주님의 재림시까지 주님의 그 구속 사역을 끊임없이 기억함을 뜻하는 것이다.

성경공부

1. 누가 성찬을 제정하셨읍니까? (마 26 : 26)

_____

2. 성찬의 의미는 무엇입니까? (고전 10 : 16—17)

_____

3. 성찬의 목적은 무엇인가요? (고전 11 : 26)

_____

4. 그리스도께서 세상 끝에 나타나신 이유는? (히 9 : 26)

_____

5. 제사장의 제사나 사제 또는 신부의 미사로 우리의 죄가 없어질까요? (히 10 : 11)

_____

6. 성찬의 의의는 무엇일까요? (고전 11 : 24—25)

_____

7. 성찬 예식이 거행되는 그 시간에 참석치 못한 사람도 주의 만찬을 먹을 수 있을까요? (고전 11 : 20 ; 행 20 : 7)

_____

적용

성찬 제정에 대한 성경적인 근거를 제시하여 보십시오(네 가지). 성찬이란 무엇입니까? (대요리문답 제168문 참조)

_____

제48과 성찬의 본질과 효력

요절 요한복음 6 : 51, 고린도전서 11 : 27 ─ 30

본문／제 29 장   성찬 4 ─ 8

> **4.** 사적(私的)인 미사나 이 성례를 사제(司祭)나 기타 다른 사람에게서만 받는다든지[1] 또는 잔을 일반 회중에게는 나누어 주지 않는다든지[2] 떡과 포도주에 절을 한다든지 또는 그것들을 높이 치켜들거나 숭배할 목적으로 몸에 지니고 다닌다거나 혹은 겉치레만의 종교적인 용도를 위하여 그것들을 남겨 두는 일이 있다고 하면 이 모든 것들은 이 예식의 본질과 그리스도의 성례 제정의 목적에 위배되는 것이다[3].

참조성구
1)고전 10 : 6 2)막 14 : 23 3)고전 11 : 25 ─ 29, 마 15 : 9

> **5.** 이 성례에 사용되는 외형적 요소들인 떡과 포도주는 그리스도께서 정하신 용도를 위해 정당하게 구별되어 있는 까닭에 십자가에 못박히신 그와 깊은 관계가 있다. 그 관계는 참된 것이지만 그러나 상징적인 것에 지나지 않는다. 그 요소들은 때로는 그것들이 나타내는 사물들의 이름으로 불리운다. 즉, 그리스도의 몸과 피로 불리운다[4]. 그럼에도 불구하고 그것들은 실체와 본질에 있어서 전과 조금도 다름이 없이 떡과 포도주로만 여전히 남아 있는 것이다[5].

참조성구   4)마 26 : 26 ─ 28 5)고전 11 : 26 ─ 28, 마 26 : 29

6. 신부가 축사하거나 또는 기타의 다른 방법에 의해서 떡과 포도주의 실체가 그리스도의 몸과 피 실체로 바뀐다고 하는 그 교리(일반적으로 '화체설'이라고 불리운다)는 성경에 모순될 뿐만 아니라 일반 상식과 이성에도 모순되는 것이다. 또한 성찬의 본질을 뒤엎는 것이요 여러가지 미신들과 무서운 우상숭배의 원인이 되어왔고 지금도 그 원인이 되고 있다[6].

참조성구
6)행 3 : 21, 고전 11 : 24—26, 눅 24 : 6—39

7. 합당한 수찬자들은 이 성례의 가견적 요소들을 외형적으로 받을 때에[7] 또한 내면적으로는 믿음으로 말미암아 물질적으로나 육체적으로가 아니라 참되게 영적으로 십자가에 못박히신 그리스도와 그의 죽음에서 오는 모든 은혜들을 받으며 또한 먹는다. 그러나 성찬을 받는 그때에 그리스도의 몸과 피가 떡과 포도주 안에, 함께, 또는 밑에, 물질적으로나 육체적으로 있는 것은 아니다. 그렇지만 그 가견적인 요소들을 그 의식에 참예하는 신자들이 그들의 외적 감각에 의해 알아보는 것처럼 실제로 그러나 영적으로 그들은 그들의 믿음에 의해 그리스도의 몸과 피를 깨닫게 되는 것이다[8].

참조성구
7)고전 11 : 28 8)고전 10 : 16

8. 가령 무식하고 사악한 사람들이 이 성례의 외적 요소들을 받는다고 할지라도 그들은 그 요소들이 의미하는 것을

받는 것은 아니다. 그러나 그들은 그 성례에 합당치 못하게 참예함으로써 주의 몸과 피를 범하는 죄가 있게 되어 자신의 파멸을 자초하는 것이 된다. 그러므로 모든 무지하고 불경건한 사람들은 그리스도와의 교제를 갖기에는 부적합함으로 주의 상(床)에 참여할 자격이 없으며 그리스도에 대하여 큰 죄가 없으나 그들이 무식하고 불경건한 상태에 있는 한 이 거룩한 성찬식에 참여하거나[9] 참여하도록 허락되어질 수 없다[10].

참조성구

9) 고전 11 : 27—29, 고후 6 : 14—16 10) 고전 5 : 6—7, 13, 살후 3 : 6, 14—15, 마 7 : 6

요지

(1) 성찬식에서 떡은 그리스도의 몸을, 포도주는 그가 흘리신 피를 각각 상징한다.

(2) 수찬자들은 그들의 믿음을 통하여 영적으로 그리스도의 몸과 피를 깨닫게 된다.

(3) 교회는 그리스도를 믿고 참된 신앙 고백을 하는 자만 성찬에 참여토록 해야 한다.

도움말

성찬에서 떡은 세상의 생명을 위해 주신 바된 그리스도의 살을 상징한다. 포도즙은 죄사함을 받게 하려고 많은 사람을 위하여 흘리신 그리스도의 피를 의미한다. 예수 그리스도께서는 성찬 예식에 육체적으로가 아니라 다만 영적으로 임재하여 계신다. 합당한 수찬자란 신빙성 있는 신앙고백을 하는 사람, 주님의 성찬의 의미를 충분히 깨달은 사람, 그리고 주님의 계명에 순종하는 사람을 의미한다.

성경공부

1. 성찬의 상징적인 행동 네 가지를 묘사하여 보십시오(마 26 :
   26-27).

   1) _____

   2) _____

   3) _____

   4) _____

2. 성찬 예식에서 떡은 어떠한 의미를 가지고 있읍니까? (눅
   22 : 19)

   _____

   그러면 포도즙은 또한 무엇을 상징해 주고 있을까요? (마
   26 : 28)

   _____

3. 영생을 소유한 자는 누구일까요? (요 6 : 53-58)

   _____

4. 성찬의 의의를 기재하여 보십시오.
   1) (고전 11 : 26)

   _____

   2) (고전 10 : 16-17)

   _____

   3) (요 6 : 53-57)

   _____

4) (롬 12 : 5 ; 고전 12 : 12)

5. 합당한 수찬자의 자격은? (고전 11 : 28)

적용

(1) 성찬의 본질은 무엇인가요?

(2) 성찬에 참여하기 전에 어떠한 준비를 해야 할까요? 즉, 합당한 수찬자가 되려면 사전에 어떻게 준비하여야 되나요? (대요리문답 제171문 참조)

제 49 과   교회의 권징(勸懲)

요절 갈라디아서 6 : 1, 마태복음 18 : 15−17
본문/제 30 장   교회의 권징 1−4

> **1.** 자기 교회의 머리요 왕이신 주 예수께서는 교회 직원
> 들의 손에, 세상 위정자(문관)와는 다른 교회정치(통치권)
> 를 위임하셨다[1].

참조성구
1)사 9 : 6−7, 딤전 5 : 17, 살전 5 : 12, 행 20 : 17−18, 히 13 : 7, 17, 24,
고전 12 : 28, 마 28 : 18−20

> **2.** 이 교회 직분자들에게 천국의 열쇠가 맡겨져 있다. 이
> 열쇠의 힘에 의하여 말씀과 권징을 사용하여 각각 죄를 보
> 류시키기도 하고 용서하기도 할 권세를 가지고 있다. 또한
> 회개하지 않는 자에게는 천국 문을 닫기도 하며 죄를 뉘우
> 치는 자에게는 복음의 사역에 의해서나 필요한 경우에는 권
> 징(책벌)을 사면(면제)해 줌으로써 천국 문을 열어주는 권
> 세도 가지고 있다[2].

참조성구
2)마 16 : 19, 18 : 17−18, 요 20 : 21−23, 고후 2 : 6−8

> **3.** 교회의 권징은 범죄한 형제들을 교정하고 잃어버리지
> 않기 위해서 필요하다. 또한 다른 사람들이 그같은 죄를 범
> 하지 못하게 하기 위해서나 온 덩어리에 퍼지는 누룩을 깨

꿋이 제거하기 위해서 그리고 그리스도의 명예와 복음의 거
룩한 신앙고백을 옹호하기 위해서 하나님의 진노를 막기 위
해서 필요한 것이다. 그런데 만일 하나님의 언약과 그 인치
심이 악명 높고 완악한 범죄자들에 의해서 더렵혀지는 경우
에는 하나님의 진노가 교회 위에 당연히 임하게 된다[3].

참조성구
3) 고전 5장, 딤전 5 : 20, 마 7 : 6, 딤전 1 : 20, 고전 11 : 27, 유 23

4. 이러한 목적들을 보다 더 효과적으로 수행하기 위하여
교회의 직원들은 당사자의 범죄와 죄과의 성격에 따라서 권
고에서부터 시작하여 얼마 동안의 수찬 정지 (주의 성찬 참
여를 금지시키는 것), 그리고 교회로부터 출교까지 시킬 수
가 있다[4].

참조성구
4) 살전 5 : 12, 살후 3 : 6, 14−15, 고전 5 : 4−5, 13, 마 18 : 17, 딛 3 : 10

요지
(1) 교회의 머리이신 그리스도께서 교회 직분자들에게 천국의 열쇠를
  맡기셨다.
(2) 이 천국의 열쇠는 말씀과 권징을 그 수단으로 한다.
(3) 권징의 목적은 범죄자의 교정, 범죄의 예방, 오염 (누룩) 제거, 신
  앙고백의 옹호, 하나님의 진노 예방 등이다.
(4) 권징의 종류는 권고, 수찬 정지, 출교 등이다.

도움말
  권징은 교리를 순수하게 유지하며 성례를 거룩하게 보수하는
데 매우 필요하다. 즉, 권징의 목적은 교회의 영적 순결성을 안

전하게 유지하려는 데 있다. 권징의 대상은 책벌받아야 마땅한 죄를 범한 교회 회원이며 그 방법은 반드시 그리스도의 사랑의 정신 안에서 시행되어져야만 한다.

성경공부

1. 천국 열쇠란 구체적으로 무엇을 의미하고 있을까요? (마 18 : 19 ; 요 20 : 23)

2. 권징의 정신과 그 방법은? (고후 2 : 6-8 ; 갈 6 : 1)

3. 사적인 범죄인 숨은 죄에 대한 책벌 방법은? (마 18 : 18)

4. 반면에 공적인 범죄인 노출된 죄에 대한 권징 요령은? (딤전 5 : 20)

5. 거역하는 자를 온유함으로 징계할 이유는? (딤후 2 : 25-26)

6. 사악하고 중한 범죄에 대한 최고의 권징 방법은? (고전 5 : 9-13)

7. 사도 바울이 범죄한 자를 사단에게 내어준(곧 제명) 두 가지 이유는? (고전 5 : 5 ; 딤전 1 : 20)

적용

우리가 반드시 남의 죄를 용서해 주어야 할 근거와 이유는 무엇인가?

(1) (엡 4 : 32) _____

(2) (요 20 : 23 ; 마 18 : 35 ; 마 6 : 12) _____

제*50*과 대회와 공의회

요절 사도행전 15 : 22－29, 16 : 4
본문／제 31 장 대회와 공의회 1－4

> **1.** 교회의 더 나은 정치와 건덕을 위하여 일반적으로 대회나 공의회로 불리우는 모임들이 있어야 한다¹⁾. 그리고 그 모임들은 지 교회의 감독자들과 다른 주관자들의 소관(임무)에 속하며 그들은 그리스도께서 파괴를 위해서가 아니라 건덕을 위해서 그들에게 부여해 주신 직분과 권세로 말미암아 그같은 모임을 정하고²⁾ 교회의 유익을 위하여 적절하다고 판단되는대로 자주 함께 모일 수 있다 ³⁾.

참조성구
1)행 15 : 2, 4, 6   2)행 15장   3)행 15 : 22－23, 25

> **2.** 대회와 공의회는 신앙에 대한 논쟁들과 양심에 대한 문제들을 확정하고 하나님께 드리는 공 예배와 하나님의 교회의 정치가 더욱 질서 정연하도록 규칙들과 지침들을 정하여 실책이 있는 경우에 불평과 고소를 접수하고 그같은 것을 권위있게 결정하는 권한을 갖고 있다. 이렇게 해서 정해진 명령이나 결의사항은 만일 하나님의 말씀과 일치하는 경우에 그것들이 말씀과 일치된 것 때문 뿐만 아니라 하나님께서 자기의 말씀으로 정하신 규례이기에 그것들에게 부여되어 있는 권세 때문에서도 경건하게 그리고 복종하는 마음으로 받아들여야 하는 것이다⁴⁾.

참조성구

4)행 15 : 15, 19, 24, 27-31, 16 : 4, 마 18 : 17-20

> **3.** 사도시대 이후로 모든 대회나 협의회(공의회)는 전체적인 모임이든 아니면 개별적인 모임이든 실수할 수가 있으며 또한 많은 모임들이 오류를 범했다. 그러므로 그 모임들을 신앙이나 본분을 위한 규칙으로 여겨서는 안되고 신앙과 행위를 돕는 보조로 사용해야 한다[5].

참조성구

5)행 17 : 11, 고전 2 : 5, 고후 1 : 24, 엡 2 : 20

> **4.** 대회와 공의회는 교회에 관한 것 이외의 것을 다루어서는 안되고 국가와 관련이 있는 사회 문제에 간섭해서도 안된다. 다만 특별한 경우에 있어서(비상시) 겸허하게 청원하는 방식을 취하거나 또는 위정자(국가 행정관)의 요구가 있는 경우 양심껏 충고할 수가 있다[6].

참조성구   6)눅 12 : 13-14, 요 18 : 36

요지

(1) 교회의 정치나 건덕상 대회나 공의회 등의 모임이 필요하며 이 모임의 임무는 신앙, 양심, 예배, 교회 정치에 관하여 명령하거나 결의하는 것이다.

(2) 결의 사항이나 명령 사항이 하나님의 말씀에 일치하는 한 그것에 경건하게 복종하여 받아들여야 한다.

(3) 원칙적으로 국가나 교회는 서로 자기의 고유 권한을 침범해서는 안되지만 특별한 예외가 있을 수 있다.

도움말

교회를 통치하는 모든 교회 회의의 위원은 목사와 장로이다. 그런데 교회 회의에는 당회, 노회, 대회, 총회가 있다.

당회는 각 개 교회의 목사와 장로로 구성되며 각 개 교회를 통치한다. 노회는 일정 지역 내에 있는 각 개 교회의 목사와 대표 장로로 구성된다. 모든 대회는 세 개 이상의 노회를 포괄하는 지역의 교회 정치를 위한 것으로 각 노회에서 선출된 같은 수의 목사와 장로에 의해서 구성된다. 총회는 전 교회의 통치를 위해서 각 노회에서 선출된 같은 수의 목사와 장로로 구성된다.

성경공부

1. 하나님께서 교회 안에 여러 직분자들을 주신 목적은? (엡 4 : 11-12)

_____

2. 교회는 본질적으로 누구의 소유인가? (행 20 : 28)

_____

그 이유는? (행 20 : 28 하)

_____

3. 교회 내에 총회나 공의회가 필요한 것은 무엇 때문입니까? (행 15 : 1-6)

_____

4. 총회, 대회 그리고 공의회의 정 회원은 누구일까요? (행 15 : 23)

_____

5. 총회, 대회, 공의회의 결정 사항은 일반 평신도(성도)들에게 어떠한 영향력을 갖고 있읍니까? (행 16 : 4)

6. 결정 사항들은 사전에 반드시 어떠한 절차를 거쳐야 할까요? (행 15 : 28)

7. 일반적으로 교회나 국가는 서로 간섭할 수 없지만 특별한 경우에는 어떠한 태도가 가장 바람직스러운가요? (본 제31장 대회와 공의회 4 참조)

적용

(1) 대회나 공의회의 필요성 두 가지는?

(2) 대회나 공의회의 결정 사항이나 지시 사항이 일반 성도들에게 구속력을 가지려면 그 내용이 반드시 어떠해야 합니까?

제*51*과 사람의 사후(死後) 상태와 죽은 자의 부활

요절 창세기 3 : 19, 다니엘 12 : 2

본문／제 32 장 사람의 사후 상태와 죽은 자의 부활 1 — 3

1. 인간의 육체는 죽은 후에 흙으로 돌아가서 썩어버린다[1]. 그러나 그들의 영혼은(죽거나 잠들지 아니하고) 불멸적인 존재이기 때문에 그것을 주신 하나님께로 즉시 돌아간다[2]. 의인의 영혼들은 그 즉시 완전히 거룩하게 되어 지극히 높은 천국에 들어가 거기서 빛과 영광 가운데서 하나님의 얼굴을 뵈오며 그들의 몸의 완전한 구속을 기다린다[3]. 그러나 악인의 영혼들은 지옥에 던져져서 그들은 거기서 고통과 완전한 흑암 가운데 지내게 되며 최후 심판을 받도록 되어 있다[4]. 성경은 육신을 떠난 영혼들을 위해 예비된 이두 장소(천국과 지옥) 외에 아무것도 인정치 않는다.

참조성구

1)창 3 : 19, 행 13 : 36   2)눅 23 : 43, 전 12 : 7   3)히 12 : 23, 고후 5 : 1, 6, 8, 빌 1 : 23, 행 3 : 21, 엡 4 : 10   4)눅 16 : 23 — 24, 행 1 : 25, 유 6 — 7, 벧전 3 : 19

2. 마지막 날에까지 살아남아 있는 자들은 죽지 않고 변화될 것이다[5]. 또한 모든 죽은 자들은 전과 같은 동일한 몸으로 부활하게 될 것이다. 그리고 전혀 질은 다르나 다름아닌 바로 그 동일한 몸이 그들의 영혼들과 영원히 결합될 것이다[6].

참조성구
5)살전 4 : 17, 고전 15 : 51−52 6)욥 19 : 26−27, 고전 15 : 42−44

> **3**. 불의한 자들의 육신은 그리스도의 능력으로 말미암아 부활하여 치욕(부끄러움)을 당하게 될 것이지만 의로운 자들의 몸은 그리스도의 성령으로 말미암아 부활하여 영광스럽게 되며 그리스도 자신의 영광스러운 몸과 같이 될 것이다7).

참조성구   7)행 24 : 15, 요 5 : 28−29, 고전 15 : 43, 빌 3 : 21
요지
(1) 모든 사람의 육신은 다같이 죽어서 흙으로 돌아가 썩게 된다.
(2) 의인의 영혼은 죽은 후에 즉시 영광 중에 천국으로 가게 되고 악인의 영혼은 그 즉시 지옥에 던져지게 된다.
(3) 마지막 날에 살아남아 있는 자는 죽지 않고 변화되고 죽은 자들은 이전의 몸으로 부활케 될 것이다.
(4) 불의한 자는 심판의 부활로 부끄러움을 당케 되나 의로운 자는 생명의 부활로 영원한 영광을 받게끔 된다.

도움말
첫째 사망인 육체적 죽음은 신체와 영혼의 분리로 인한 육체적 생명의 종결인데 반하여 둘째 사망인 영원한 죽음은 하나님과의 영원한 분리요 이별이다. 의인의 영혼은 그리스도와 함께 영광 중에 천국에서 거하다가 그 이전의 몸으로 영광스럽게 부활케 된다. 그러나 악인의 영혼은 부활하여 정죄를 받아 영원한 부끄러움을 입고 영원한 불바다(지옥)에 내던져지게 된다.

성경공부
1. 사람의 육신은 죽은 다음에 어떻게 될까요 ? (창 3 : 19 ; 행 13 : 36)

2. 의인의 영혼이 죽은 직후의 상태는? (고후 5 : 8 ; 빌 1 : 23 ; 눅 23 : 43)

3. 구약 성도 욥은 무엇을 확신했나요? (욥 19 : 26 - 27 ; 사 26 : 19 참조)

4. 마지막 날에 그때까지 살아남아 있는 자와 그 이전에 죽은 자의 상태를 각각 묘사해 보십시오(고전 15 : 51 - 53).
   1) 살아남아 있는 자 :
   2) 죽은 자 :
5. 두 종류의 부활은 무엇인가요? (요 5 : 29)

6. 둘째 사망의 상태 (악인들의 경우)에 대해서 설명해 보십시오 (계 20 : 10, 21 : 8).

7. 온 인류를 두 종류로 구분해 보자면? (단 12 : 2)
   1)   2)
   전자의 경우(의인) 부활한 몸의 특징은 무엇입니까? (빌 3 : 21)

적용
   의인의 경우에 부활한 몸(부활체)의 성격이나 특색은 무엇입니까? (고전 15 : 42 - 44 ; 빌 3 : 21)

제52과 최후의 심판과 재림

요절 고린도후서 5 : 10, 데살로니가후서 1 : 7 — 10

본문／제 33 장 최후의 심판 1 — 3

1. 하나님께서는 예수 그리스도로 말미암아 세상을 공의로 심판하실 날을 작정하셨다[1]. 성부로부터 예수 그리스도에게 모든 능력과 심판하는 권세가 주어져 있는 것이다[2]. 그 날에는 타락한 천사들이 심판을 받을 뿐만 아니라[3] 이 땅에 살았던 모든 사람들도 똑같이 그리스도의 심판대 앞에 나타나 그들의 생각이나 언어나 행동을 직고하고 그들이 선악간에 그 몸으로 행한 것에 따라 보응을 받을 것이다[4].

참조성구

1)행 17 : 31 2)요 5 : 22, 27 3)고전 6 : 3, 유 6, 벧후 2 : 4 4)고후 5 : 10, 전 12 : 14, 롬 2 : 16, 14 : 10, 12, 마 12 : 36 — 37

2. 하나님께서 이 날을 정하신 목적은 피택자의 영원한 구원에 그의 자비의 영광을 드러내며 악하고 불순종하는 유기자들을 멸망시킴으로써 그의 공의를 나타내시려 함이다. 이는 그때에 의인들은 영생에 들어가고 주님 앞으로부터 나오게 되는 충만한 기쁨과 새롭게 하심을 받는다. 그러나 하나님을 모르고 주 예수의 복음을 불순종한 악인들은 영원한 고통 가운데 던져질 것이고 주 앞으로부터 그리고 그의 능력의 영광으로부터 오는 영원한 멸망으로 형벌받게 될 것이기 때문이다[5]

참조성구

5)마 25 : 31−46, 롬 2 : 5−6, 9 : 22−23, 마 25 : 21, 행 3 : 19, 살후 1 : 7−10

---

3. 그리스도께서 우리에게 심판날이 있을 것을 확실하게 믿게 하심은 모든 사람으로 하여금 죄짓지 못하게 하고 경건한 사람들이 그 역경 중에서 큰 위로를 받게 하려 함이다[6]. 그러므로 사람들에게 그 날을 알리시지 않으실 것이니 이는 그들이 육욕적인 안정감을 없애버리고 주께서 오실 시간을 알지 못하기 때문에 항상 깨어 있도록 하시기 위함이다. 또한 '오시옵소서, 주 예수여, 속히 오시옵소서, 아멘' 이라고 말할 수 있도록 항상 예비케 하시기 위함이다[7].

참조성구

6)벧후 1 : 11, 14, 고후 5 : 10−11, 살후 1 : 5−7, 눅 21 : 27−28, 롬 8 : 23−25 7)마 24 : 36, 42−44, 막 13 : 35−37, 눅 12 : 35−36, 계 22 : 20

요지

(1) 하나님께서는 예수 그리스도로 말미암아 장차 세상을 공의로 심판하실 것이다.

(2) 심판의 대상은 모든 천사와 산 자와 죽은 자 전부이며 그 방법은 선악간에 행한대로 보응하시는 것이다.

(3) 심판의 목적은 하나님 자신의 자비와 공의를 나타내시기 위함이며 그 현실적인(실제적인) 목표는 범죄의 예방과 환란중에 위로 받게 하심과 항상 깨어 있도록 하시기 위함이다.

도움말

심판이란 하나님께서 그리스도 안에서 모든 이성적이며 도덕적인 피조물들에 대해서 그 옳고(선) 그름(악)을 가려서 상벌주는 것을 의미한다. 그런데 이 심판의 대상에서 제외될 자는 아무도 없다. 또한 그리스도께서 언제 다시 오실는지 그 누구도 정확히 알 수가 없기 때문에 항상 깨어 있으며 경건하고 거룩한 생활을 영위함이 그 적절한 대비책일 뿐이다.

성경공부

1. 하나님께서 그리스도에게 심판하는 권세를 위임하신 이유는? (요 5 : 22, 27)

   예수 그리스도께서는 어떻게 세상을 심판하실까요? (행 17 : 31)

2. 심판의 대상은 누구인가요? (행 10 : 42 ; 딤후 4 : 1)

   그러면 범죄한 천사들은 어떻게 될까요? (벧후 2 : 4)

3. 심판의 기준은 무엇입니까? (롬 2 : 6 ; 계 20 : 12)

4. 심판의 광경을 한번 묘사해 보십시오(롬 14 : 10-12).

5. 그 날과 그때 곧, 그리스도의 재림의 날짜는 누구만 아시나요? (마 24 : 36)

6. 예수 그리스도께서 다시 오실 때 하나님을 모르고 주 예수의 복음에 복종치 않은 자들의 상태는 어떠할까요? (살후 1 : 7-9)

7. 주의 날(재림과 심판의 날)이 오기 전에 우리는 어떠한 사람
   이 되어져야 할까요? (벤후 3 : 11-12 상)

_____

적용

최후의 심판 광경에 대해서 고찰하여 보십시오.

(1) 심판장은 누구인가요? (요 5 : 22 ; 행 17 : 30)

_____

(2) 심판의 대상 곧 피고는? (롬 3 : 19 ; 행 10 : 42)

_____

(3) 심판의 시기는? (요 5 : 28-29 ; 계 20 : 12-13)

_____

(4) 심판의 방법은? (롬 2 : 6 ; 고후 5 : 10)

_____

(5) 원고와 고소장은 각각 무엇인가요? (요 5 : 45 ; 갈 3 : 10)

_____

(6) 검사와 증인은 각각 누구인가요? (계 12 : 10 ; 롬 2 : 14-15)

_____

(7) 변호사는 누구일까요? (요일 2 : 1-3)

_____

(8) 판결 결과는 무엇입니까? (마 25 : 34, 41, 46)

_____

해 답

제 1 과 성경의 필요성

✣ 성경공부

① 그 만드신 만물(창조물 전체)에 / 사람은 심령 속에 신지식(神知識)을 갖고 있다. ② 이 세상이 자기 지혜로 하나님을 알지 못함으로 ③ 하나님께로 온 영(성령)을 받는 것 ④ 아들 예수 그리스도를 통하여 ⑤ 신·구약성경 말씀 ⑥ 율법과 증거의 말씀(신·구약성경) ⑦ 우리의 교훈을 위한 것임. 즉, 우리로 하여금 인내로 또는 성경의 안위로 소망을 가지게 함이다.

◆ 적용

⑴ 하나님의 영광, 지혜, 선, 능력 등 ⑵ 신·구약성경

제 2 과 성경의 영감과 권위

✣ 성경공부

① 하나님의 감동(영감)으로 된 것임. ② 여호와의 입이 이를 명하셨고 그의 신이 이것들을 모으셨기 때문임. ③ 율법서, 선지서, 시가서. ④ 신·구약성경 외에 그 무엇이라도 절대로 가감할 수 없다. ⑤ 서로 대적하여 교만한 마음을 먹게 된다. ⑥ 진리의 성령의 인도하심과 가르치심. ⑦ 전혀 불가능하다.

◆ 적용

⑴ 신적 영감으로 된 것이 아님으로(인간적 저작일 뿐이다). ⑵ 그렇다.

제 3 과 성경의 충족성과 명료성

✣ 성경공부

① 신·구약성경 말씀(66권) ② 예수 그리스도(구세주) ③ 예수께서 하나님의 아들 그리스도이심을 믿어서 영생얻는 것이다. ④ 절대로 다른 복음은 없다. ⑤ 옳게 분변해야 한다. / 주의 법을 사랑하고 종일 묵상한다. ⑥ 아니다. 성경 중에는 알기에 어려운 것들이 있다(난해귀절). ⑦ 교훈, 책망, 바르게 함, 의로 교육함으로써 ⑧ 성령은 성경의 저자이시며 하나님의 영이므로 하나님의 깊은 뜻(계시, 의지)을 능히 통달하여 아시기 때문이다.

◆ 적용

⑴ 절대로 필요치 않다(66권으로 충족하다). ⑵ 구원에 관한 기본진리(구원론)

제 4 과 성경의 번역, 연구, 해석

✣ 성경공부

① 신·구약성경 말씀(율법과 증거의 말씀) ② 권함(복음의 권고, 초청)을 받지 않는다. ③ 그리스도의 말씀이 우리 심령 속에 풍성히 거해야 한다(성경공부). ④ 성령 충만함의 결과이다(행 4 : 31). ⑤ 인내와 안위로 소망을 가지게 된다. ⑥ 간절한 마음으로 말씀을 받고 날마다 성경을 상고(공부)한다. ⑦ 1) 사사로이 푼다(개인적인 해석) / 2) 억지로 푼다(교묘한 해석 — 왜곡)

◆ 적용

⑴ 하나님을 경외하는 마음으로 성경 말씀을 읽고 연구하도록 하기 위해서 자국어로 번역되어져야 한다. ⑵ 1) 성경은 성경으로써 해석한다. / 2) 성령의 내적 조명을 받아야 한다.

제 5 과 하나님의 속성과 절대주권

❖ 성경공부

① 하나님 아버지(창조주) ② 참 하나님, 사시는 하나님, 영원한 왕이시다. ③ 여호와(야웨)-"스스로 계시는 분" ④ 하나님은 순결하신 영이시고 몸과 지체가 없으시므로 ⑤ 1) 영원하심(시 102:12, 90:2) / 2) 불변하심(말 3:6; 약 1:17) / 3) 전지하심(대상 28:9) / 4) 전능하심(욥 42:2; 렘 32:17) / 5) 편재하심(무소부재, 시 139:7-10; 렘 23:23-24) / 6) 사랑이시다(요일 4:7-8). / 7) 공의로우시다(느 9:33; 창 18:25). / 8) 거룩하시다(벧전 1:17). ⑥ 하나님은 모든 일을 그의 뜻대로(맘대로, 자유롭게) 행하신다는 의미이다. ⑦ 1) 하나님께 영광을 돌려드리는 것 / 2) 하나님을 경외(신봉)하고 그 명령을 지키는 것(순복)

◪ 적용

(1) 비공유적 속성(절대적 속성)=자존(自存), 불변(不變), 무한(無限), 유일(唯一). / 공유적 속성(보편적 속성)=지식, 지혜, 선, 사랑, 성(聖), 의, 진실, 주권. (2) 우연한 일이나 불확실한 것이 없다.

제 6 과 성 삼위일체

❖ 성경공부

① 우리가, 우리 중 하나같이(복수용어 사용) ② 아버지-성부 하나님 / 아들-성자 예수님 / 성령-보혜사 성령님을 각각 뜻한다. ③ 전능하신 하나님, 영존하시는 아버지, 세세에 찬양 받으실 하나님, 참 하나님. / 아버지의 독생자, 독생자. ④ 하나님 ⑤ 하나님의 영, 그리스도의 영. ⑥ 내가(예수님) 아버지(성부)께로서 너희에게 보낼 보혜사(성령), 그가(예수님) 약속하신 성령을 아버지(성부)께 받아서… 부어 주셨느니라. ⑦ 예배 후 목사님의 축도에서 느낀다.

◪ 적용

(1) 하나님은 본질적으로 한 분으로 존재하시지만 이 한 분 안에 성부, 성자, 성령이라고 불리우는 삼위 곧, 세 인격을 가지고 계신다. (2) 여호와의 증인

제 7 과 하나님의 작정의 특색

❖ 성경공부

① 창세(영원) 전부터 ② 그 뜻이 변치 아니함을 충분히 나타내시려고 ③ 악에게 시험받으시지도 않으시며 친히 아무도 시험(유혹)치 아니하시기 때문에 ④ 자기 욕심(정욕)에 끌려 사단에게 미혹되기 때문이다. ⑤ 너무나 심오하기에 결코 측량할 수가 없다. ⑥ 하나님 아버지(여호와)의 고유 권한 ⑦ 예수님께서 십자가에 못박혀 죽으실 것은 하나님의 정하신 뜻(예정)이었지만 그 일은 법 없는 자들의 손을 빌어서 성취되었다.

◪ 적용

(1) 하나님께서 인간의 자유의지를 허락하시면서도 모든 일을 다 예정하신다는 점이다. (2) 신앙(믿음)은 선택(예정)의 결과이다.

제 8 과 선택과 유기(遺棄)

❖ 성경공부

① 1) 천히 쓸 그릇(진노의 그릇) / 2) 귀히 쓸 그릇(긍휼의 그릇) ②

유대인과 이방인 중에서 부름받은 자들 ③ 주께서 자기 백성이 누구인지를 잘 알고 계시기 때문이다. ④ 전혀 무관하다. ⑤ 하나님의 기쁘신 뜻대로 예정하셨다. ⑥ 그 아들(예수 그리스도)의 형상을 본받게 하기 위하여 ⑦ 그의 영광스러운 은혜를 찬미케 하려고

◆ 적용

(1) 1) 하나님의 은혜를 인하여 / 2) 믿음으로 말미암아 / 3) 하나님의 선물 / 4) 누구든지 자랑치 못하게 하려고 (2) 선택자—영광의 부요함을 나타내신다. 즉, 긍휼과 사랑이 많으심을 보여주신다. / 유기자—진노와 그의 능력을 나타내신다. 즉, 그의 거룩하심과 공의를 알려주신다.

제 9 과 예정론의 목적

✤ 성경공부

① 예수 그리스도로 말미암아 ② 우리 복음으로 부르신다. 즉, 복음 전도를 그 방편으로 삼으셨다. ③ 믿음으로 말미암아 하나님의 능력으로 보호하심을 입어야 한다. ④ 하나님의 뜻대로 행하려고 하는 사람 ⑤ 1) 보배롭고 요긴한 모퉁이 돌이 되신다. / 2)부딪히는 돌과 거치는 반석이 되신다. / 말씀을 순종치 아니하므로 넘어지게 되기 때문에(실족, 범죄케 된다) ⑥ 멸망받게 된다. ⑦ 1)언제든지 실족하지 않는다. / 2)하나님의 나라에 넉넉히 들어간다.

◆ 적용

(1) 아니다. 택함까지도 반드시 받아야 한다. (2) 하나님께 영광 즉 찬미, 존경, 감탄을 드리기 위함이며 택한 자들에게는 그의 소명(부르심)과 선택(택하심)을 확신케 함으로써 근면과 겸손과 위로를 주기 위함이다.

제 10 과 세계와 인간 창조

✤ 성경공부

① 하나님의 말씀으로(곧 예수 그리스도) ② 1)보이는 것들(물질세계) / 2)보이지 않는 것들(영적세계) ③ 1)태초에(곧 영원 전에) / 2) 엿새 동안 ④ 하나님의 형상대로(곧 그를 닮도록) ⑤ 지식과 공의와 진리의 거룩함 ⑥ 모든 피조물을 주관하기 위함(만물의 영장) ⑦ 하나님 자신의 영광을 위하여

◆ 적용

(1) 그 지으신 모든 것이 심히 좋았다. (2) 창조는 전혀 아무것도 없는 데서 유(有)를 만드는 것이지만 발견이나 발명은 이미 만들어져 있는 것(有)에서 어떤 것을 찾아내거나 만들어내는 것이다.

제 11 과 하나님의 섭리의 특색

✤ 성경공부

① 그의 능력의 말씀으로 ② 모든 일을 자기의 그 기쁘신 뜻대로 다 행하시는 분이시다. ③ 절대로 우연은 존재치 않는다. 모든 일이 다 하나님의 허락하심 아래서 이루어질 뿐이다. ④ 이스라엘에게 진노하사 치시려고(징벌) / 이스라엘을 대적키 위한 사단의 충동질(격동) ⑤ 결단코 악을 행치 아니하시며 단정코 불의를 행치 아니하시는 분이시다. ⑥ 하나님 아버지(여호와) / 1) 큰 구원으로 이스라엘 백성의 생명을 보존함(창 50 : 20 참조). / 2) 이스라엘 백성의 후손들을 세상에 두시려고 요셉을 앞서 애굽에 보내신 것임(시 105 : 16 − 22 참조).

◆ 적용

(1) 1) 하나님의 섭리—모든 일이 틀림없이 결정되어 있지만 제 2 원인들에 따라서 필연적으로, 자유롭게, 또는 우발적으로 사건들을 조정하시는 하나님의 사역이다. / 2) 숙명론—사람이 가만히 앉아서 아무런 조치를 취하지 않고서도 그를 위협하는 비극이나 불행 등을 모면할 수 있다고 주장하는 이론(견해)이다. (2) 하나님의 거룩하시고 의로우신 성품

제 12 과 하나님의 섭리의 목적

✤ 성경공부

① 그렇다. 지나간 시대(알지 못하던 시대) ② 1) 하나님께 눈물로 기도와 간구함으로써 / 2) 마음이 교만하여 그 받은 은혜를 보답치 아니하므로 / 3) 히스기야 생전에는 여호와의 노가 임하지 아니하였다. ③ 이스라엘 백성이 하나님의 음성을 듣지 않고 하나님(여호와)을 원치 않았다. ④ 그를 이스라엘의 손에 붙이시려고 ⑤ 마음의 정욕, 부끄러운 욕심, 상실한 마음(마음에 하나님 두기를 싫어함) 때문에 ⑥ 그들이 진리의 사랑을 받지 않고 구원함을 얻지 못하며 도리어 불의를 좋아하기 때문이다. ⑦ 하나님을 사랑하는 자 곧 그 뜻대로 부르심을 입은 자들에게

◆ 적용

(1) 교만치 않게 하시려고 또한 그리스도의 능력이 항상 머물도록 하시기 위함이다. (2) 결코 장담이나 과신이 있을 수 없다. 사람은 그 장래 일이나 내일 일을 절대로 보장할 수가 없기 때문이다(잠 27 : 1).

제 13 과 인류의 타락

✤ 성경공부

① 하와(이와=이브) ② 그 간계(奸計)로 하와를 미혹했다. ③ 교만(하나님을 대적하고 하나님같이 되려는 마음을 먹었다) ④ 깨어 있어서 하나님께 사로잡힌 바 되어 그의 뜻을 준행하고 순복하는 것. ⑤ 사람의 마음(롬 3 : 4 참조) ⑥ 한 사람 아담의 범죄(불순종)로 말미암아 ⑦ 한 사람 아담의 범죄로 인하여 / 마귀(사단) ⑧ 하나도 없다. 다 죄인일 뿐이다. / 영원한 사망 즉, 영과 육의 분리뿐만 아니라 하나님과의 영원한 분리와 이별이다.

◆ 적용

(1) 대표의 원리에 의해서이다. 즉, 아담은 전 인류의 최고 대표이기에 그의 범죄는 모든 사람의 범죄와 동일하다. (2) 사람으로 하나님을 더듬어 찾아(모색) 발견케 하려 하심이다.

제 14 과 인간의 전적 부패와 원죄와 본죄

✤ 성경공부

① 하나님의 법에 굴복치 아니할 뿐만 아니라 할 수도 없기 때문이다. ② 악한 행실 때문에 / 1) 총명이 어두워진 것 / 2) 무지한 것 / 3) 마음이 굳어진 것 ③ 사람의 죄악이 세상에 관영함과 그 마음의 생각의 모든 계획이 항상 악하기 때문에 ④ 악한 생각, 살인, 간음, 음란, 도적질, 거짓증거, 훼방. ⑤ 1) 스스로 속이고 있는 것이다. / 2) 하나님의 말씀(진리)이 그 속에 없다. / 3) 하나님을 거짓말하는 자로 만드는 것이다. ⑥ 불과 유황으로 타는 못(영영한 불바다=지옥)에 참예케 된다. ⑦ 성령을 좇아 행하는 것. 즉, 성령의 인도와 지시에 절대 순복하는 것이다.

◆ 적용

(1) 이 말씀은 거듭나고 중생한 자가 절대로 완전히 죄에서 자유케 되거나 전혀 죄를 짓지 않는다는 뜻이 아니다. 다만 거듭난 자가 지속적으로(현재 진행형 동사 사용) 습관적으로 죄를 지을 수 없다는 의미이다. 왜냐하면 거듭난 자의 성품은 근본적으로 죄와 정반대의 성품이기 때문이다. (2) 1) 그리스도를 불신함(요 16:9) / 2) 불법(율법위반, 요일 3:4) / 3) 모든 불의(요일 5:17) / 4) 선을 행치 않는 것(약 4:17) / 5) 믿음으로 하지 않는 모든 것 등이 다 죄이다(롬 14:23).

제 15 과 행위언약

✤ 성경공부

① 우리는 무익한 종이며 우리가 하여야 할 일을 한 것뿐이다. ② 조금도 유익이 될 수가 없다. ③ 1) 동산 각종 나무의 실과는 네가 임의로 먹을 수 있다(긍정명령). / 2) 그러나 선과 악을 알게 하는 나무의 실과는 먹지 말라(부정명령). / 3) 그대로 순종하면 영생하고 불순종하는 날에는 정녕(반드시) 죽을 것이다(약속과 형벌). ④ 지키지 못하고 도리어 어겼다(불순종). ⑤ 율법책에 기록된 대로(613 가지의 계명) 온갖 일을 항상 행해야 한다. ⑥ 절대로 율법의 행위로는 의로워질 수가 없다. 율법으로는 다만(단지) 죄를 깨달을 뿐이다. ⑦ 하나님으로부터 부드럽고 새로운 마음을 부여받고 하나님의 성령을 받아서 행동함으로써만 가능하다.

◆ 적용

(1) 1) 우리 인간은 다 부정한 자요 그 선행이나 의(義)조차도 하나님 앞에 부정한 옷과도 같기 때문이다. / 2) 또한 하나님은 우리의 선행이나 행실로 우리를 구원하시지도 않으시기 때문이다. (2) 우리를 예수 그리스도에게로 인도하는 몽학선생(蒙學先生)일 뿐이다(여기서 몽학선생이란 여섯 살부터 열여섯 살 사이의 소년 아이를 맡아서 지도 감독하는 신실하고도 매우 훌륭한 교육을 받은 하인을 뜻하는 용어이다).

제 16 과 은혜언약

✤ 성경공부

① 이스라엘과 그 후손들의 하나님이 되시기 위해서(to be a God unto thee, & to thy seed after thee) / 그들이 우거하는 가나안 일경(땅) ② 나는(하나님) 그들의 하나님이 되고 그들은 내 백성이 될 것이다. ③ 피로 세운 언약이다(그리스도의 피) ④ 십자가에 못박혀 죽으신(희생하신) 예수 그리스도이시다. ⑤ 유언한 사람이 죽은 이후에야 견고하고 효력이 있을 뿐이다. ⑥ 첫 언약(행위언약-율법) 때 범한 죄를 속하려고(구속) / 하나님의 부르심을 입은 자(성도)로 하여금 영원한 기업의 약속(영생-천국)을 얻게 하려 하심이었다. ⑦ 주 예수 그리스도의 은혜로 구원을 받게 된다(엡 2:8-9 참조).

◆ 적용

(1) 은혜(카리스)란 그 대상자의 가치나 공적에 관계없이 주시는 하나님의 사랑이다. (2) 예수 그리스도의 죽음은 대속적인 죽음이다. 즉, 그는 계약 파괴자를 대신하여 율법의 저주를 자신이 지시고 죄인의 자리에서 죽으신 것이다. 그의 피 흘리심은 그의 백성(택자)들을 위한 것이었다. 이러한 대속의 개념은 그리스도의 죽음을 이해하는데 필수적이며 기본적인 요소이다.

제 17 과 신인(神人)이신 중보자 예수 그리스도
❖ 성경공부
① 신인(神人)이신 예수 그리스도 ② 하나님이시다. / 사람인 나(예수 그리스도 자신)를… ③ 하나님의 일에 자비하고 충성된 대제사장이 되어 그 백성의 죄를 구속하려 하심이다. / 죄는 결코(전혀) 없으신 분이시다. ④ 율법 아래 있는 자들을 속량(구속)하시고 우리로 아들의 명분(하나님의 자녀 - 양자)을 얻게 하려 하심이다. ⑤ 멜기세덱의 반차를 좇아 영원한 우리의 대제사장이 되셨다. ⑥ 죽은 자 가운데서 다시 살아난 점.
◆ 적용
(1) 예수께서 우리와 한결같이 시험을 받으신 분 그리고 우리 연약함을 체휼하신 분이므로 시험받는 성도들을 능히 도와 주시기 때문이다. (2) 아니다. 반드시 하나님의 부르심(소명)을 입은 자라야만 한다.

제 18 과 그리스도의 비하(卑下)와 승귀(昇貴)
❖ 성경공부
① 자기 백성을 저희 죄에서 구원할 자 ② 예수께서 영원히 살아계셔서 그들을 위하여 간구해 주시기 때문이다. ③ 예수 그리스도의 몸(희생제물) ④ 죽기까지 복종하심. 곧, 십자가의 죽으심에까지 낮아지셨다. ⑤ 그리스도의 피가 우리 양심으로 죽은 행실에서 깨끗케 하고 살아계신 하나님을 섬기게끔 한다. ⑥ 하나님 아버지 우편에 계시며 우리를 위하여 항상 간구(중보기도)해 주시고 계신다. ⑦ 아들(예수님)에게 주신 모든 자에게 ⑧ 예수 그리스도의 십자가의 피로써
◆ 적용
(1) 아버지(성부)의 계명 / 산 자와 죽은 자의 주(主)가 되게 하려 하심이었다. (2) 시편 16 : 10, 이는 내 영혼을 음부에 버리지 아니하시며 주의 거룩한 자로 썩지 않게 하실 것임이로다.

제 19 과 구속사역의 효과적인 적용
❖ 성경공부
① 1) 여인의 후손 - 예수 그리스도 / 2) 뱀 - 사단(마귀) ② 우리로 아들의 명분을 얻게 하려 하심이다. ③ 우리를 하나님 앞으로 인도하려 하심이다. ④ 예수께서 육체로(人性) 오신 것을 부인한다. ⑤ 예수께로 나아오는 자(곧 아버지께서 그에게 주신 자) ⑥ 원수가 발등상될 때까지 (완전 정복될 때까지) ⑦ 사망(死亡)
◆ 적용 (1) 보혜사 성령님 (2) 말씀(복음) 듣는 모든 자들에게

제 20 과 자유의지
❖ 성경공부
① 죄를 범하는 자마다 죄의 종이다. / 진리되신 예수님을 아는 것이다. ② 선을 행할 수가 없다. ③ 하나님의 긍휼하심, 중생의 씻음, 성령의 새롭게 하심이다. ④ 그 자유로 육체의 기회(범죄)를 삼지 말고 도리어 사랑으로 서로 종노릇한다. ⑤ 다른 사람의 양심을 상하게 하지 않도록 주의한다(고전 8 : 12). ⑥ 우리 지체(몸)을 의의 병기로 하나님께 드리는 것이다(헌신, 봉사생활). ⑦ 하나님의 아들(예수 그리스도)의 나타나심(재림)으로 가능케 된다.

◆ 적용

(1) 타락하기 이전에 인간은 선이나 악을 행할 수 있는 자유가 있었으며 그 능력까지도 소유하고 있었다. 하지만 타락 이후에 인간은 선이나 악을 행할 자유는 갖고 있으나 능력 면에서는 오직 악을 행할 수 있는 능력만 갖게끔 되었다. (2) 렘 13 : 23, 창 6 : 5, 8 : 21, 고전 2 : 14, 시 14편, 롬 7 : 17-25.

제 21 과 유효한 부르심

✣ 성경공부

① 미리 정하신 자들 곧, 피택자들 / 복음으로 부르신다. ② 복음 전도이다. / 하나님의 음성이자 그의 말씀이다. ③ 그리스도의 은혜로 우리를 부르신다. ④ 1) 우리의 행위대로 부르신 것이 아니다. / 2) 하나님의 영원하신 뜻에 따라 그리스도 예수 안에서 우리에게 주신 은혜대로 부르신 것이다. / 3) 하나님의 부르심에는 결코 후회하심이 없다. ⑤ 아니다. 자녀들에게도 해당된다. / 어린 아이들도 소유할 수 있다. ⑥ 주께서 그 마음을 열어주셔야 한다. ⑦ 하나님께서 영생을 주시기로 작정된 자(예정된 자＝피택자).

◆ 적용

(1) 구속의 적용에 있어서 첫번째 단계를 차지하고 있다. 즉, 구원의 서정(序程)의 제 1 단계이다. (2) 1) 하나님께서 그의 아들 예수 그리스도와 함께 교제케 하시려고(고전 1 : 9) / 2) 거룩케 하시려고(성화, 살전 4 : 7) / 3) 고난의 주님을 본받게 하시기 위함이다(벧전 2 : 21).

제 22 과 칭의의 의미, 근거, 방편

✣ 성경공부

① 예수 그리스도 십자가의 보혈로 ② 죄가 전혀 없으시다. ③ 하나님께서 우리 죄를 그리스도에게 옮기셨다(죄의 전가). ④ 하나님의 의 곧, 예수 그리스도의 의 / 그리스도를 믿음으로 말미암아 ⑤ 예수 그리스도의 십자가의 죽으심이다. ⑥ 하나님 아버지(성부 하나님) / 영생의 소망을 따라 후사(後嗣)가 된다. ⑦ 아니다. 칭의의 비결은 신·구약이 동일하며 일치한다(즉, 그리스도를 믿는 것이다).

◆ 적용

(1) 1) 자기의 의로우심을 나타내려 하심이다. 즉 공의를 나타내심이다. / 2) 예수 믿는 자들을 의롭다 하려 하심이다. 즉, 사랑의 표현이시다. (2) 1) 우리 죄인 대신 죽으심이다(대속). / 2) 우리가 칭의를 얻게 됨이다(양자—수양의 은혜).

제 23 과 양 자

✣ 성경공부

① 하나님의 아들 예수님을 믿고 영접함 / 기쁘신 뜻과 예정하심 그리고 예수 그리스도로 말미암은 축복이다. ② 하나님의 극진하신 사랑하심 ③ 하나님의 아들에게 / 하나님을 아바 아버지라고 부르짖게 됨 ④ 우리 안에 계신 성령이 우리 영으로 더불어 증거함 ⑤ 아들같이 대우하시게 된다. 즉, 징계와 채찍질로 연단하신다. / 영의 아버지 하나님께 더욱 복종한다. ⑥ 절대로 그렇지 않다. ⑦ 구속의 날까지 보증의 성령으로 인치심을 받았다(구원의 절대적인 보증은 성령님의 내재하심이다).

◆ 적용

(1) 우리 안에 계신 성령의 내재와 증거로 (2) 1)그리스도—친 자식이요 양자가 아니며 그의 자격(子格)은 영원하며 신성에 있어서 성부와 한 본체이시며 그 권능과 영광이 동등하시다. / 2) 신자—우리의 자격(子格)은 신분의 변화에 의한 것이며 우리는 단순한 인간들이고 양자됨에 의해서 성부의 아들들이 되는 것뿐이다.

제 24 과 성 화(聖化)

✤ 성경공부

① 죄의 사람이 멸하여 다시는 우리가 죄에게 종노릇하지 않게 된다. ② 1) 하나님의 말씀(진리) / 2) 하나님의 성령(보혜사) ③ 우리를 창조하신 자의 형상을 좇아 새로운 사람으로 변화되었기 때문이다. ④ 하나님 아버지께서 거룩하시기 때문에 그의 자녀인 우리 신자도 거룩해야 한다. ⑤ 모든 사람으로 더불어 화평치 못하는 자도 거룩하지도 않은 사람이다. ⑥ 주님의 다시 오심(재림)을 기다리고 바라보는 사람(즉, 주님을 향하여 소망을 품은 자이다). ⑦ 주의 영광을 보게 될 때(재림시) / 주의 영(성령)으로 말미암아 완전 성화되고 영화된다(영화체).

◆ 적용

(1) 성화란 히브리어로 카도쉬(gadosh)로서 '자르다'(to cut)라는 어근에서 유래되었다. 그러므로 성화의 기본적인 개념은 '분리'(分離)이다(죄에서의 분리). (2) 소극적인 면—죄로부터 유래된 인간성의 불결과 부패가 점진적으로 제거된다는 점이다. 즉, 옛사람인 죄의 사람이 십자가에 못박히는 것이다(옛사람의 억제). / 적극적인 면—영혼의 거룩한 성향(性向)이 강화되고 그 거룩한 실천이 증진되어 새로운 생활을 영위케 되는 것이다. 곧, 하나님을 향하여 사는 생활이다 (새 사람의 태동).

제 25 과 구원에 이르는 신앙

✤ 성경공부

① 영혼을 구원함에 이르게 한다. ② 믿음은 바라는 것들의 실상이요 보지 못하는 것들의 증거이다. ③ 행함이 뒤따라야만 한다(신행일치). ④ 듣는 자가 믿음으로 화합(和合)하지 아니하는 경우이다. / 사람의 말이 아닌 하나님 자신의 말씀 그대로(액면 그대로) 받아들이고 신뢰해야만 한다. ⑤ 곧, 예수님을 심령 속에 영접하는 것이다. ⑥ 우리의 믿음을 보시고 계신다. ⑦ 믿음을 소유하고 있는 자이다.

◆ 적용

(1) 역사적 신앙—어떤 도덕적 영적 목적도 가지지 않고 순수하게 성경의 진리를 지적으로 받아 들이는 것 / 이적의 신앙—이적이 자기에 의하여 또는 자기를 위하여 일으켜진다고 하는 개인의 확신이다. / 일시적 신앙—양심의 어떤 자극이나 애정의 분발을 수반하고 있기는 하지만 중생된 마음에 뿌리박지 못한 종교적 진리에 관한 확신이다. / 구원적 신앙—그 자리를 마음에 두고 중생한 생활에 뿌리를 박고 있는 신앙이다. (2) 1)지적요소(지식)—기독교 진리에 대한 영적인 통찰이며 하나님의 약속에 근거하고 있는 절대적으로 확실한 지식이다. / 2) 감정적 요소(찬동)—진리에 대한 인격적인 관심, 그리고 그것에 대하여 진심으로 찬동(贊同)하는 것이다. / 3) 결의(決意)적 요소(신뢰)—구세주요 주로서 그리스도를 인격적으로 신뢰하는 것이다.

제 26 과 회개의 성격과 방법

✤ 성경공부
① 돌이켜 회개하고 모든 죄에서 떠나는 것이다. ② 1) 하나님께서 긍휼히 여기시고 널리 용서해 주신다. / 2) 모두 용서해 주시고 다시는 기억하시지도 않으신다. ③ 절대로 가능하지 않다. 회개는 죄사함을 받는 유일한 비결이다. ④ 하나님의 은총의 결과이다. ⑤ 형통(성공)하지 못한다. 즉, 만사가 자기 뜻대로 이루어지지 않는다. ⑥ 절대로 불가능하다. 반드시 우리의 죄가 우리를 쳐서 증거하는 날이 오고야 만다. ⑦ 1) 형제가 죄를 범하면 경계하고, 회개하거든 무조건 용서해 준다. / 2) 또한 온유한 심령으로 범죄한 형제를 징계하거나 바로 잡는다(교정, 선도).

◈ 적용
1) 회개하고 싶어도 마음이 이미 굳어지고 강해져서 회개할 수가 없게 되는 경우가 있기 때문이다. / 2) 또한 회개란 하나님의 선물이요 은사인데 하나님께서는 회개의 기회조차 주시지 않으실 때도 있으시기 때문인 것이다.

제 27 과 선행의 취지 — 의미와 그 목적

✤ 성경공부
① 하나님의 모든 명령을 우리가 삼가 지키는 것이다. ② 오직 공의를 행하며 인자를 사랑하고 겸손히 하나님과 함께 행하는 것이다. ③ 모든 일에 선하게 행하게끔 인도한다. ④ 우리의 착한 행실이다. ⑤ 우리를 깨끗하게 하사 선한 일에 열심하는 친 백성이 되게 하려 하심이다. ⑥ 신자의 선행으로 하나님께 영광을 돌리게 하려 함이다. ⑦ 선한 일을 위하여 곧, 선한 행실을 항상 행하게 하시기 위함이다.

◈ 적용
(1) 하나님의 계시된 뜻과 일치되어야 한다. 즉, 하나님 자신이 그의 거룩하신 말씀으로 명령하신 것이어야 한다(신 6 : 25). / (2) 선한 양심에서 비롯돼야 한다. 즉, 하나님을 섬기듯이 신실한 마음으로 행해져야 하는 것이다(히 13 : 18).

제 28 과 선행의 성격

✤ 성경공부
① 그 행위를 옳게 하는 자(선행자) ② 선행으로 말미암아 지혜의 온유함으로 그 행함을 보임으로써 ③ 선을 행하되 낙심치 말고(주의 사항) 더욱 믿음의 가정들에게 착한 일을 행한다(고려사항). ④ 우리는 다 부정한 자(인격 — 됨됨이)이며 우리의 의(義)도 하나님 앞에서 다 더러운 옷같기 때문이다. ⑤ 성도들의 옳은 행실을 뜻하고 있다. ⑥ 1) 구원의 옷 — 신랑과 신부 / 2) 의의 겉옷 — 사모, 보물 ⑦ 1) 무엇을 하든지 다 하나님의 영광을 위하여 행한다. / 2) 무엇을 하든지 말에나 일에나 다 주 예수의 이름으로 행한다. / 3) 무슨 일을 하든지 마음을 다하여 주께 하듯 한다.

◈ 적용
(1) 구속의 결과요 그 목적이다. / 선행과 건덕이다. (2) 그의 양심 또는 마음과 하나님의 율법이 서로 일치하지 않는 까닭이다. 또한 하나님의 영광을 목적으로 삼지도 않았고 청결한 마음으로부터도 우러나온 것(선행)이 아니기 때문이다.

제 29 과 성도의 견인

❖ 성경공부

① 끝까지 견디는 자(견인하는 자) ② 전능하신 하나님 아버지의 능력으로 보호하심을 입기 때문이다. ③ 심판(보응)받고 영원한 형벌을 받게 된다. ④ 중보자 예수 그리스도의 기도이다. ⑤ 하나님의 씨가 그 심령 속에 있기 때문이다. ⑥ 1) 주의 분노(진노) / 2) 원수 사단의 훼방 / 3) 성령님의 근심 / 4) 구원의 즐거움 상실 / 5) 마음의 강퍅/6) 하나님의 연단(징계와 훈련)등이다. ⑦ 하나님의 부르심과 택하심을 굳게 해야만 한다.

◆ 적용

성도의 견인은 그리스도의 대언기도, 곧, 중보기도와 가장 밀접하게 연결되어 있다. / (실예)—베드로는 예수님을 모른다고 부인하며 맹세하고 저주까지 하셨지만 (마 26 : 69—75) 그리스도의 중보기도의 효력과 덕택으로 후에 회개하게 되었으며 초대 교회 큰 일꾼이 되었다 (눅 22 : 31—32, 61—62).

제 30 과 구원의 확신의 획득과 상실

❖ 성경공부

① 그렇다. ② 예수 그리스도를 심령에 영접했는지 안했는지에 따라 식별할 수가 있다. / 예수 그리스도께서 자기 안에 계시지 아니한 자이다. ③ 영생은 거짓이 없으신 하나님의 약속이기 때문이다. ④ 그리스도 안에 내재하시는 성령님 ⑤ 형제 사랑의 유무(有無)이다. ⑥ 하나님을 경외하는 마음과 사랑하는 마음을 주께서 우리에게 주셨기 때문이다. ⑦ 하나님의 부르심(소명)과 택하심(선택)을 굳게 하는 것이다. ⑧ 선한 행실과 성화에 더욱 힘쓰게 되는 것이다.

◆ 적용

⑴ 1) 하나님과 그의 약속을 신뢰하지 않으면 구원의 확신을 상실케 된다(딛 1 : 2 ; 히 6 : 17—18). / 2) 하나님께 아직 고백하지 않은 숨겨진 죄나 은밀한 범죄가 있을 때도 구원의 확신을 잃어버리게 된다(잠 28 : 13 ; 시 51 : 12). / 3) 하나님과의 교제인 기도생활을 게을리하거나 전도와 봉사 및 헌신생활에 힘쓰지 않으면 구원의 확신을 잃케 된다(롬 8 : 16 ; 고전 2 : 12). ⑵ 1) 참된 확신은 꾸밈없는 겸손을 가져다 주나 거짓된 확신은 영적 교만을 낳는다(고전 5 : 10 ; 갈 6 : 14). / 2) 참된 확신은 날마다 거룩한 생활에 힘쓰게 하나 거짓된 확신은 게으름과 자만에 빠지게 한다(시 51 : 12—13, 19). / 3) 참된 확신은 솔직한 자기 반성이 따르게 되고 하나님의 교정이나 개선을 소원케 되지만 거짓된 확신은 겉모양으로 만족해하고 정확하게 자신을 살피는 것을 회피하는 경향이 있게 한다(시 139 : 23—24). / 4) 참된 확신은 하나님과 더욱 친밀한 교제 갖기를 항상 열망하지만 거짓된 확신은 그렇지가 못하다(요일 3 : 2—3).

제 31 과 도덕법과 의식법과 시민법

❖ 성경공부

① 1) 개인적인 완전한 순종 / 2) 영원한 생명 / 3) 영원한 사망 ② 1) 출 20 : 1—17 / 2) 신 5 : 6—21 ③ 율법을 듣는 자가 아니요 오직 그 율법대로 행하는 자이다. ④ 율법 전부를 범한 자가 된다. / 모든 율법을 주신 분은 하나님 한 분이시고, 그 율법의 심판자도 오직 한 분 하나

님이시기 때문이다. ⑤ 경천애인 즉, 하나님을 전심전력으로 사랑하고 그 이웃을 내 몸과 같이 사랑하라는 것이다. ⑥ 장차 오는 좋은 일의 그림자이다. / 예수 그리스도이시다. ⑦ 아니다. 예수 그리스도의 십자가 희생제물되심으로 인하여 폐지되었다.

◆ 적용
(1) 1) 도덕법(십계명)—출 20:1-26 / 2) 시민법(재판법)—출 21:1-24 / 3) 의식법—출 24-31장 (2) 세례 요한 때까지이다. / 구세주 예수 그리스도를 예언하고 증거해주고 있다.

제 32 과 율법의 용도

❖ 성경공부
① 범법(犯法)함을 인하여 더한 것이다. ② 죄를 깨닫케 하여 하나님의 심판과 정죄 아래있게 하려 함이다. ③ 우리를 그리스도에게로 인도해 주는 몽학 선생의 역할을 하는 것이다. ④ 그리스도께서 우리를 위하여 저주를 받은 바 되셨기 때문이다. ⑤ 성령의 인도하심을 항상 받으며 그 지시와 명령에 늘 순복해야만 한다. ⑥ 그리스도 예수를 믿는 것이다. ⑦ 자유의 율법대로 심판받을 자처럼 말하거나 행동한다. / 긍휼은 심판을 이기고 자랑까지 하기 때문이다. 즉, 사랑의 실천자가 되어야 한다.

◆ 적용
(1) 율법은 하나님의 온전한 의지의 요약으로서 생활을 위한 유일무오한 규칙이기 때문이다(엡 6:2; 롬 13:9). (2) 신자들의 죄와 그들이 그리스도를 필요로 하게 되는 것을 보여준다. (3) 그리스도의 영광을 나타내 보여준다.

제 33 과 자유의 의미와 양심의 자유

❖ 성경공부
① 그리스도께서 우리를 위하여 저주를 받으셨기 때문이다. ② 이 악한 세대에서 우리를 건지시려고 ③ 진리이신 예수님을 알아야 한다. / 주(主)의 영이 계신 곳이다. ④ 하나님의 권위와 그 계명을 더욱 중요시 해야 한다(표준—하나님의 계명). ⑤ 그리스도인은 예수님의 핏값으로 사신 바 되었기 때문이다(구속 및 대속). ⑥ 신자는 이제 율법 아래 있지 않고 은혜 아래 있기 때문이다. ⑦ 하나님과 사람에게 대하여 범사에 항상 양심에 거리낌이 없도록 살아 온 것이다.

◆ 적용
　그것은 죄의 왕국 곧, 죄의 관할 범위에 그가 더 이상 거주하지 않는다는 뜻이다. 즉, 신자가 이 세상에 어울리지 않고 이 세상의 풍속과 생활양식에 물들지 않는 다는 점에서이다(롬 12:2; 요일 2:15-17).

제 34 과 그리스도인의 자유의 목적

❖ 성경공부
① 굳세게 서서 다시는 종의 멍에를 메지 말아야 한다. ② 1) 그 자유로 육체의 기회(범죄의 구실)를 삼는 것이다. / 2) 오직 사랑 안에서 서로 종노릇하는 것이다. ③ 우리로 원수의 손(마귀)에서 건지심을 입고 종신토록 주 앞에서 성결과 의로 두려움이 없이 하나님을 섬기게 하심이다. ④ 주를 위하여 그리고 왕과 그의 보낸 방백을 위해서이다. ⑤ 다른 사람의 양심을 생각해야 한다. ⑥ 하나님께서 정부나 국가 기관에 그 권세

를 위임해 주신 것이기 때문이다. ⑦ 하나님의 명(命)을 거스리는 것과
도 같다.

◆ 적용

예수 그리스도께서 다시 오시는 그날이다(재림시에).

제 35 과 경배의 대상과 그 방법

❖ 성경공부

① 예수 그리스도로 말미암아 한 성령 안에서 아버지 하나님께 나아간다.
② 1)성실과 진정으로 섬긴다. / 2) 경건함과 두려움으로 섬긴다. ③
마음을 다하고 성품을 다하고 힘을 다하여 여호와 하나님을 사랑하는 것
이다. ④ 사람의 계명으로 가르침을 받기 때문이다(사 29 : 13). ⑤ 참
으로 신령과 진정으로 그를 예배하는 자들을 찾아오신다. ⑥ 여호와 하
나님 아버지뿐이시다. ⑦ 하나님의 아들 예수 그리스도이시다.

◆ 적용

⑴ 예수님께서 "주 너의 하나님께 경배하고 다만 그를 섬기라(마 4 : 10 ; 신 6 :
13)"고 말씀하셨기 때문이다. ⑵ 성경은 또한 사람들과 천사들에 대한 예배를
분명하게 금하고 있기 때문이다(행 14 : 14−15 ; 골 2 : 18 ; 행 10 : 25−26). ⑶
십계명 중 제 2 계명은 어떤 그림이나 형상들을 하나님으로 섬기는 것을 명백하
게 금지하고 있기 때문이다. ⑷ 하나님과 사람 사이의 중보는 오직 예수 그리
스도 한 분뿐이시기 때문이다.

제 36 과 종교적 예배의 요소

❖ 성경공부

① 예수님의 이름으로 기도하는 것이다. ② 사람은 마땅히 빌 바(합당한
기도)를 모르지만 성령은 하나님의 뜻대로만 기도해 주시기 때문이다.
③ 하나님 아버지의 뜻대로만 구하는 것이다. ④ 1) 이미 죽은 자들을
위한 기도 / 2) 사망에 이르는 죄를 지은 자들을 위한 기도 등이다. ⑤
오직 믿음으로만 기도하는 것이다. 즉, 조금도 의심치 않고 응답해 주실
것을 굳게 믿는 것이다. ⑥ 알 수 있는 언어 곧, 알아 들을 수 있는 말
로 기도한다(즉, 한국어로⋯) ⑦ 1) 성경읽기, 설교, 하나님의 말씀 청
취, 시편 찬송, 성례의 시행과 참석 등이다. / 2) 맹세, 서원, 금식, 감
사, 각종 절기행사 등이다.

◆ 적용

   기도는 그리스도의 이름으로 우리의 소원을 하나님께 고하는 것을 말하는데
곧, 그의 뜻에 합당한 것들을 간구하여 죄를 자복하며 그의 자비하신 모든 은혜
에 감사드리는 것이다. / 주께서 가르치신 기도이다(일명 주기도문).

제 37 과 예배자의 태도와 주일성수

❖ 성경공부

① 아니다. 각 처소에서 곧, 어느 장소에서나 하나님께 예배드릴 수가 있
다. ② 그날이 오기까지 곧, 그리스도께서 다시 오시는 날까지 모여야 한
다. / 마음을 같이 하여 모이기를 힘써야 한다. ③ 하나님께서도 엿새 동
안에 천지를 창조하고 제 7 일에 쉬어 평안하셨기 때문이다(출 20 : 11 ; 창
2 : 1−3). ④ 사형 (극형) ⑤ 엿새 동안에 힘써 모든 일을 행하는 것이
다. 즉, 근면과 성실이다. ⑥ 1) 안식일을 기억해 둔다. / 2) 아무 일

도 하지 말고(오락과 생업을 그치고) 거룩히 지킨다(하나님께 영광되는 일만을 행한다). ⑦ 안식일은 매주 마지막 날 토요일이었는데 예수 그리스도의 부활 이후에는 매주 첫 날 일요일(주일)로 변경되었다.

◈ 적용

　안식일을 거룩하게 하는 것은 그날 종일을 거룩하게 쉼으로 할 것이니 다른 날에 할 수 있는 여러가지 세상 일과 오락까지 그치고 그 시간을 공적 또는 사적 예배로 사용할 것이며 그 외에는 부득이한 일과 자선에 관한 일에 사용할 수 있다.

제 38 과 맹세와 서원

✤ 성경공부

① 여호와 하나님의 이름으로 ② 거짓 맹세를 함으로써 죄 정함(정죄)을 면케 하기 위해서 ③ 진실과 공평과 정의로 맹세한다. ④ 모든 다투는 일에 최후 확정이며 약속의 불변성에 대한 보증이다. ⑤ 여호와 하나님께 ⑥ 하나님께 서원한 대로 약속을 반드시 다 행하는 것이다. ⑦ 1) 미성년자와 남편있는 자의 아내 / 2) 아비나 남편이 허락치 않는 한 그 서원은 결코 성립될 수가 없다.

◈ 적용

⑴ 현재의 이 악한 세상에서는 너무나도 거짓이 성행하기 때문에 특별한 경우에 맹세가 요청된다. 즉, 사람들이 신실하고 늘 꾸밈없이 진실을 말한다면 맹세가 필요치 않지만 거짓말하는 습성에 항상 젖어 있기 때문에 맹세가 부득불 요청되는 것이다. ⑵ 그 마음에 서원한 것을 갚기에 더디하거나 그 약속한대로 이행치 않는 것이다.

제 39 과 국가 위정자의 직무와 그리스도인 공직자

✤ 성경공부

① 모든 권세는 하나님께로서 나온 것이며 다 하나님의 정(定)하신 바이므로 ② 하나님의 명령을 거스리는 것과도 같다고 간주하신다. ③ 신(神-하나님)이라고 불리워지고 있다. 즉, 하나님의 대리자요 대행자이다. ④ 권선징악이다. 곧, 선행자를 포상하고 격려하며 악행자를 징벌하고 보응하는 것이다. ⑤ 선을 행하는 것이다. 그리하면 도리어 칭찬이 있게 될 것이다. ⑥ 주를 위하여 그리고 왕과 그의 보낸 방백을 위하여 순복해야 한다.

◈ 적용　여호와 하나님이시다.

제 40 과 위정자의 의무와 그리스도인 국민의 도리

✤ 성경공부

① 그렇치 않다. 정치와 종교는 분리, 운영됨이 합당하다. ② 결코 범죄 행위가 될 수가 없다. 하나님의 계명과 말씀 그리고 권위가 인간의 그것보다도 최우선하기 때문이다. ③ 우리가 모든 경건과 단정한 중에 고요하고 평안한 생활을 하기 위해서이다. ④ 복종하며 순종하고 모든 선한 일 행하기를 예비한다. ⑤ 진노를 인하여 뿐만 아니라(악행시) 양심을 인하여 그렇게 해야 한다(선행). ⑥ 그렇다. 국가의 직무 수행상 재정의 확보 및 지출이 필요하기 때문이다. ⑦ 왕이나 주권자를 공경하는 것이다.

◆ 적용
⑴ 교회지상주의－국가는 교회의 한 국민으로 종속된다. 따라서 교황은 국가의 제반 모든 일에 지배할 권리를 가진다. ⑵ 국가지상주의－교회를 국가의 한 국면으로 본다. 교회의 재정 후원 직원 임명, 법규 정의, 행정 감사 등을 국가에서 주관한다. ⑶ 상호독립(정교분리)－개혁 교회의 주장으로 교회와 국가는 상이한 목적을 가진 신적(神的) 조직체로서 상호 독립한다. ／가장 바람직하고도 성경적인 견해는 ⑶의 견해이다.

제 41 과 결혼과 이혼

✣ 성경공부
① 결혼이란 그리스도 안에서 한 남자와 한 여자가 그 부모를 떠나 서로 연합하여 한 몸을 이루는 것이다. ② 1) 경건한 자손들을 얻고자／2) 남녀간의 상호 보완／3) 음행의 예방 및 방지 ③ 혼인 곧, 결혼을 귀히 여긴다. ／거룩함과 존귀함으로 자기 배우자를 선택한다. ④ 범죄행위로 단정한다.
⑤ 간음죄 ⑥ 1)상대편 배우자의 음행／2) 불신 배우자의 고의적인 내어버림
⑦ 사람의 마음이 완악하기 때문이다. ／이혼치 않고 행복하게 사는 것이다.

◆ 적용
⑴ 반드시 주 안에서만 곧, 그리스도인 끼리만 결혼해야 한다. ⑵ 이혼하는 것을 미워하신다.

제 42 과 유형교회와 무형교회

✣ 성경공부
① 예수 그리스도이시다. ② 교회－그리스도의 몸이다. ／성도－몸된 교회의 각 지체이다. ③ 하나님／자기 피로 사셨기 때문임 ④ 정결함(순결)과 옳은 행실(선행과 성화)이다. ⑤ 성도를 온전케, 봉사의 일을 하게, 그리스도의 몸을 세우려 하심이다. ⑥ 절대로 있을 수 없다. 구원은 오직 예수 그리스도를 믿음으로써만 얻어지기 때문이다(예수님＝교회의 머리). ⑦ 복음으로 말미암아

◆ 적용
1) 그리스도에게 속해 있는 지상의 각 지체의 불완전성／2) 그리스도의 몸의 지체들의 외양을 흉내내는 불신자들의 위선 등이다.

제 43 과 교회의 3 대 표지

✣ 성경공부
① 가라지를 뽑다가 곡식까지 뽑을까 염려되기 때문이다. ② 사단의 회(會) 곧, 모임이 된다. ③ 예수 그리스도께서 다시 오실 때이다. ④ 음부의 권세(대문)가 이기지 못한다. ⑤ 아니다. 바알에게 굴복치 않은 7000 명의 이스라엘 자손들을 따로 남기셨다. ⑥ 불법의 사람, 멸망의 아들이다. ／예수께서 육체로 오신 것을 시인하지 않는다. ⑦ 그리스도께서 다시 오심으로 인해 폐위되며 결국은 영영한 불바다 지옥에서 세세토록 밤낮 괴로움을 받게 된다.

◆ 적용

그 교회를 떠나고자 할 때 그 교회가 참 교회가 아니라고 하는 이유들을 분명하게 밝히고서 떠나야 한다. 또한 그 동기가 하나님 자신의 영광과 자신의 영적인 유익과 그릇된 견해에 대한 증거를 위한 것이어야만 한다.

제 44 과   성도의 교통

✤ 성경공부

① 하나님 아버지, 아들 예수님, 우리 성도들.   ② 빛 가운데서 행한다(깨끗한 생활).   ③ 그 아들 예수 그리스도 우리 주로 더불어 교제케 된다.   ④ 우리가 그리스도 안에서 서로 한 몸이 되어 서로 지체가 되었기 때문이다(즉, 그리스도와의 연합이다).   ⑤ 1)다 한 성령을 받아 한 몸 되었다. / 2) 십자가(예수 그리스도)로 한 몸이 되었다.   ⑥ 그렇다. 십계명 중에도 제8계명에 도적질하지 말라는 개인의 소유권을 인정하시고 옹호하시는 말씀이 있다.   ⑦ 1) 성만찬 참여로 / 2) 성령 안에서 / 3) 가르침을 받아(성경공부와 교육을 통해서) / 4) 복음으로써 / 5) 중보기도로 / 6) 믿음의 교제로

◆ 적용

예수 그리스도와의 연합이다. 이 그리스도와의 교제에 비교될 수 있는 인간 사이의 교제는 하나도 없다. 주님은 자기의 백성과 또 그 백성은 주님과 의식적이고 상호적인 사랑으로 사귀는 것이다(요일 1 : 3).

제 45 과   성례의 의의와 효력

✤ 성경공부

① 무할례시에 믿음으로 된 의를 인친 것이다. / 무할례자로서 믿는 모든 자의 조상이 되어 그들로 의로 여기심을 얻게 하려고 ② 어린 양 예수 그리스도(희생제물) / 죄사함을 얻게 하려고 흘리신 예수님의 피(언약의 피)   ③ 의문(의식)에 있지 않고 신령(마음)에 있다. 즉, 성령의 사역과 그리스도의 말씀 그리고 축복하심에 있다.   ④ 두 가지이다. 즉, 세례와 성찬이다.   ⑤ 예수 그리스도께서 다시 오실 때까지   ⑥ 하나님의 부르심을 받은 자 곧, 목사   ⑦ 신약의 세례이다. / 구약의 유월절이다.

◆ 적용

구약의 성례는 할례와 유월절이다. 그리고 이 두 가지 성례는 똑같이 유혈성례(流血聖禮)였다. 그러나 신약의 성례인 세례와 성찬은 다 무혈(無血)성례다. 그 이유는 그리스도께서 십자가 위에서 완전한 희생을 하셨기 때문에 그리스도 이후에는 더이상 피흘리는 제사가 필요치 않게 되었기 때문이다.

제 46 과   세례의 의미와 효력

✤ 성경공부

① 성부와 성자와 성령의 이름으로 ② 세례는 구원하는 표이며 선한 양심이 하나님을 향하여 찾아가는 것이다. / 예수 그리스도와의 상호 연합이다.   ③ 물이다. / 결례 즉, 죄를 씻는 예식이다.   ④ 자기의 죄를 다 자복 및 회개해야만 한다.   ⑤ 그리스도께 대한 신앙 곧, 복음의 확신이다.   ⑥ 하나님의 영원한 은혜언약에 기인한다(즉, 그리스도의 피로 세운 언약). / 믿는 부모를 가진 자녀들   ⑦ 오직 단 한 번만 받아야 한다.

◆ 적용

(1) 물은 깨끗이 씻는 것을 의미하듯이 세례가 그리스도의 피를 뿌림으로써 죄책으로부터 정화됨을 상징하기 때문이다. (2) 1) 교리적 기초—은혜언약이다. 즉 구약과 신약은 동일한 영적 언약이었으므로 그 언약의 증표와 인호인 할례와 세례 또한 동일한 영적 의미와 성격을 가지고 있다(창 17 : 7—8 ; 골 2 : 11—12). / 2) 성경적 근거—행 2 : 39, 고전 7 : 14, 레 25 : 41—42, 막 10 : 14 등은 어린 아이들을 구원과 영적 축복에서 제외시키지 않고 있다. / 3) 사도적 관례(전통)—고전 1 : 16, 행 16 : 15, 33 등에 전 가족이 세례받은 사실이 기록되었으므로 그 가운데 유아들도 포함되어 있었던 것이 틀림없다.

제 47 과 성찬의 목적과 그 의의

✛ 성경공부

① 예수 그리스도께서 제정하셨다. ② 그리스도의 몸과 피에 참여하는 것임 ③ 주의 죽으심을 오실 때까지 전하는 것이다. ④ 자기를 단번에 제사로 드려 죄를 없게 하시려고 ⑤ 그같은 제사나 미사로는 언제든지 죄를 없이 하지 못한다. ⑥ 예수 그리스도를 기념하는 것이다. ⑦ 그럴 수 없다. 반드시 성찬식 모임에 참예한 자만이 주의 만찬을 먹을 수가 있을 뿐이다.

◆ 적용

1) 마 26 : 26—29 / 2) 막 14 : 22—25 / 3) 눅 22 : 17—20 / 4) 고전 11 : 23—26 / 성찬은 예수 그리스도의 명령하신대로 떡과 포도즙을 주고 받음으로써 그의 죽으심을 보여주는 신약의 성례이다. 그러므로 성찬에 합당하게 참여하는 자는 살과 피를 먹고 마심으로 영적 양식이 되고 은혜로 자라는 것이며 주님과의 연합과 사귐이 확고하여지고 하나님께 대한 감사와 서약과 한 신비로운 몸의 지체로서 서로 사랑과 교제를 증거하고 새롭게 하는 것이다.

제 48 과 성찬의 본질과 효력

✛ 성경공부

① 1) 축복과 사례 / 2) 떡을 가지사 떼는 것 / 3) 잔을 준비하는 것 / 4) 주고 받는 것 곧, 떡과 포도즙을 서로 나누는 것이다. ② 우리를 위하여 주신 바된 그리스도의 몸을 상징한다. / 죄사함을 얻게 하려고 많은 사람을 위하여 흘리신 그리스도의 피를 나타내주고 있다. ③ 인자 예수님의 살과 피를 먹고 마시는 자이다. 즉, 그리스도의 보혈의 공로와 십자가의 사역을 전적으로 신뢰하는 자이다. ④ 1) 주님의 죽으심을 상징적으로 표현한 것이다. / 2) 신자가 십자가에 못박히신 그리스도에게 참여하는 것을 상징한다. / 3) 영혼에 생명, 능력, 기쁨을 줌으로써 영적 음식의 효과를 나타낸다. / 4) 그리스도와 신자들의 상호 연합을 상징한다. ⑤ 반드시 사전에 자신을 자세히 살펴 보아야 한다. 즉, 죄의 철저한 고백과 회개가 선행되어져야 한다.

◆ 적용

(1) 1) 합당한 수찬자들이 성찬예식에서 영적으로 그리스도의 살과 피를 먹고 마시며 / 2) 십자가에 달려 죽으신 그리스도와 그의 죽으심에서 나오는 모든 혜택(은혜)을 받아 자신들에게 적용시키는 것이다. (2) 1) 성찬에 참여하기 전에 하나님과 형제들에 대한 자신들의 죄와 부족을 철저히 인식하고 회개하며 / 2) 그리스도의 십자가에 대한 깊은 명상과 간절한 기도로 성찬에 대비해야 한다.

제 49 과   교회의 권징(勸懲)

❖ 성경공부

①죄를 용서해 주거나 보류할 권세를 뜻한다. ② 정신-그리스도의 사랑의 마음으로 / 방법-온유한 심령으로 범죄한 자들을 바로 잡는다(교정, 선도, 순화). ③ 당사자(범죄자)와 피해자만 있는 곳에서 이를 책망하거나 권고한다. ④ 범죄한 자를 모든 사람 앞에서 꾸짖는다(공개적인 엄숙한 책망과 교정). ⑤ 하나님이 거역하는 자를 회개시키거나 마귀의 올무에서 벗어나 하나님의 뜻을 좇게 하실지도 모르기 때문이다(징계의 목적은 벌하려는 것보다 구원하려는 것이다). ⑥ 출교이다. 즉, 악한 사람을 교회 밖으로 내어 쫓는 것이다. ⑦ 1) 육신은 멸하고 영은 주 예수의 날에 구원 얻게 하려 함이다. / 2) 범죄자로 하여금 징계를 받아 훼방하지 말게 하려 함이다.

◆ 적용

⑴ 하나님께서 우리를 그리스도 안에서 용서하여 주셨기 때문이다(엡 4 : 32).
⑵ 내 죄가 또한 용서받기 위해서이다(요 20 : 23 ; 마 18 : 35 ; 마 6 : 12).

제 50 과   대회와 공의회

❖ 성경공부

① 성도를 온전케 하며 봉사의 일을 하게 하며 그리스도의 몸을 세우려 하심이다. ② 하나님 아버지의 소유이다. ③ 신앙과 행위에 대한 제반 문제들을 의논하고 결정하기 위해서이다. ④ 사도와 장로들 곧, 목사와 장로들이다. ⑤ 작정된 규례나 결정 사항은 성경에 어긋나지 않는 한 그대로 지켜져야만 한다. ⑥ 성령 하나님의 승인과 모인 회중(목사와 장로들)의 찬성을 얻어야 한다. ⑦ 겸허한 청원이나 양심적인 충고의 방식을 취해야 한다.

◆ 적용

보다 나은 교회정치와 건덕상 대회나 공의회가 반드시 필요하다. / 반드시 하나님의 말씀인 성경과 일치해야만 한다.

제 51 과   사람의 사후(死後)상태와 죽은 자의 부활

❖성경공부

① 땅에 묻혀서 흙이 되어 썩게 된다. ② 그 즉시 몸을 떠나 그리스도와 함께 천국에서 거하게(살게) 된다. ③ 자신의 육체적 부활 곧, 몸이 다시 사는 것을 굳게 믿었다. ④ 1) 순식간에 홀연히 다 변화케 된다. 즉, 죽지 아니함을 입게 된다. / 2) 썩지 아니할 것(영화체)으로 다시 살게 된다(부활). ⑤ 1) 생명의 부활 / 2) 심판의 부활 ⑥ 불과 유황으로 타는 못(영영한 불바다)에 던져져서 세세토록 밤낮 괴로움을 받는다(휴식이나 안식이 전혀 없다). ⑦ 1) 깨어(부활하여) 영생을 얻는 자 / 2) 수욕을 받아서 무궁히 부끄러움을 입을 자 / 신령한 몸 곧, 영화체(榮化體)이다. 즉, 그리스도의 영광스러운 몸과 같은 몸이다.

◆ 적용

부활하시기 전의 예수님과 부활하신 후의 예수님이 동일하신 분이셨듯이 우리의 경우도 부활하기 전이나 후가 동일한 몸을 갖고 있게 될 것이다. 하지만 이 세상의 몸과 근본적으로나 질적으로는 전혀 다를 것이다. 그것은 썩지 않는 몸이며 영광스럽고 강력한 능력을 소유하고 하나님의 성령의 지배를 완전하고도 온전하게 받는 새로운 몸 곧, 영화체이다.

제 52 과 최후의 심판과 재림

✤ 성경공부

① 인자(人子)됨을 인하여(그의 성육신, 십자가의 공로 때문에) / 공의(公義)로 천하를 심판하신다(시 9 : 7-8). ② 산 자와 죽은 자 곧, 전 인류 / 그들도 심판 받아서 영원한 지옥(형벌)에 던져진다. ③ 각 사람이 그 행한대로 선악간에 심판받는다(고후 5 : 10). ④ 우리가 다 하나님의 심판대 앞에 서서 우리 각인(各人)이 자기 일(언행심사)을 하나님께 직고(直告)하게 된다. ⑤ 아무도 모르고 하늘의 천사들도 모르고 오직 아버지 하나님(성부)만 아신다. ⑥ 주의 얼굴과 그 힘의 영광을 떠나 영원한 멸망의 형벌을 받게 된다. ⑦ 거룩한 행실과 경건한 신앙의 소유자가 되어져야 하고 그날이 오기를 또한 간절히 사모해야만 한다.

◆ 적용

1) 예수 그리스도시다. / 2) 온 세상 사람들 곧, 산 자와 죽은 자 전부이다. / 3) 세상의 종말 죽은 자의 부활 직후 / 4) 각 자 선악 간에 그 행한대로 / 5) 원고-모세, 고소장-율법 / 6) 검사-마귀(사단), 증인-양심 / 7) 의로우신 예수 그리스도 / 8) 악인은 영벌(지옥행), 의인은 영생(천국행)

❖ 참고 서적

 1. 조직신학 전 7 권 (박형룡 저, 한국기독교 교육연구원)
 2. 기독교 신학개론 (벌코프 저, 은성문화사)
 3. 기독교 강요 (요한 칼빈 저, 김문제 역, 세종문화사, 1979 년)
 4. 성서대백과사전 전 8 권 (기독지혜사, 1985 년)
 5. 신학사전 (한국개혁주의 신행협회 편, 1982 년 재판)
 6. 소요리 문답 강해 (윌리암슨 저, 한국개혁주의 신행협회 편)
 7. 웨스트민스터 신앙고백 강해
    (윌리암슨 저, 한국개혁주의 신행협회)
 8. 장로교인 무엇을 믿는가 ?
    (골든 H. 클락 저, 한국개혁주의 신행협회 편)
 9. 7 영리 (석원태 저, 경향문화사)
10. 구속론 (죤 머레이 저, 하문호 역, 성광문화사)
11. 웨스트민스터신앙고백 (생명의 말씀사, 남정숙·김혜성 공역)
12. 구약 이스라엘사 (김희보 저, 총신대출판사)
13. 소요리 문답 교재 (김재규 저, 백합출판사)
14. 칼빈주의 (헨리 마터 저, 박윤선·김진홍 공역)
15. 칼빈주의 예정론 (R. 뵈트너 저, 홍의표 역)
16. 현대 예배학 신강 (김득룡 저, 총신대출판사)

66권의 성경에서 70주제를 골라
한 권으로 묶은 은혜의 책!

「70주제별 성경편람」은 성경에서 사용되는 다양한 주제들, 여러 주제들을 성경에 근거하여 설명하고 문답식으로 꾸며가고 있습니다. 성경구절은 물론 중요한 백과사전, 신학사전 등에서 필요한 부분을 참고하여 알기쉽게 해설하고 있습니다. 그리고 성경요절, 보충구절까지를 나열하고 있습니다. 성경을 주제별로 연구하고자 하는 평신도들에게 많은 유익이 있을 것으로 압니다.

―추천사 중에서

70주제별 성경편람
정기화 지음/추천 박영희 박사 • 신국판 • p.148

정 기 화

총신대학 신학대학원 졸업(77회)

저서
새신자양육교재(은혜도서)
52주 완성 소요리문답(규장문화사)
52주 완성 웨스트민스터 신앙고백
(규장문화사)
70주제별 성경편람(규장문화사)
평신도를 위한 조직신학(규장문화사)

역서
그리스도의 재림(규장문화사)
그리스도의 초상(규장문화사)

규 · 장 · 수 · 칙

1. 기도로 기획하고 기도로 제작한다.

2. 오직 그리스도의 성품을 사모하는 독자가
   원하고 필요로 하는 책만을 출판한다.

3. 한 활자 한 문장에 온 정성을 쏟는다.

4. 성실과 정확을 생명으로 삼고 일한다.

5. 긍정적이며 적극적인 신앙과 신행일치에
   의 안내자의 사명을 다한다.

6. 충고와 조언을 항상 감사로 경청한다.

7. 지상목표는 문서선교에 있다.

하나님을 사랑하는 자 곧 그 뜻대로 부르심
을 입은 자들에게는 모든 것이 合力하여 善
을 이루느니라(롬 8:28)

52주완성 웨스트민스터 신앙고백

1988. 6. 10. 초판발행／2014. 7. 15. 32쇄발행

지은이 : 정 기 화／펴낸이 : 여 진 구／펴낸곳 : 규장

137-893 서울시 서초구 양재2동 205번지 ☎ 578-0003 (fax)578-7332 등록 1978.8.14. 제1-22
E-mail : kyujang@kyujang.com(규장 홈페이지 www.kyujang.com)
ⓒ 저자와의 협약 아래 인지는 생략되었습니다.

책값 뒤표지에 있습니다.

ISBN 89-7046-616-9-91230